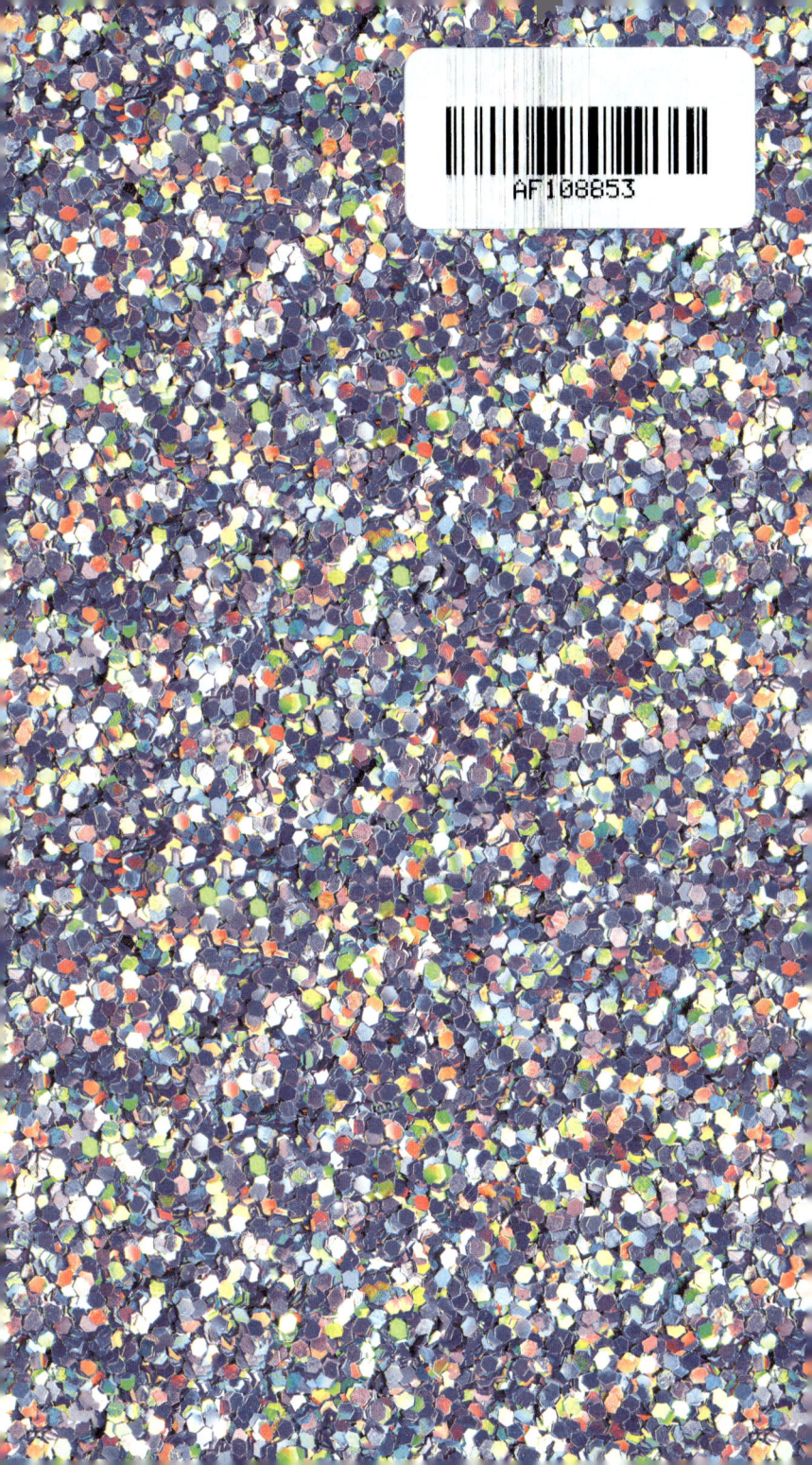

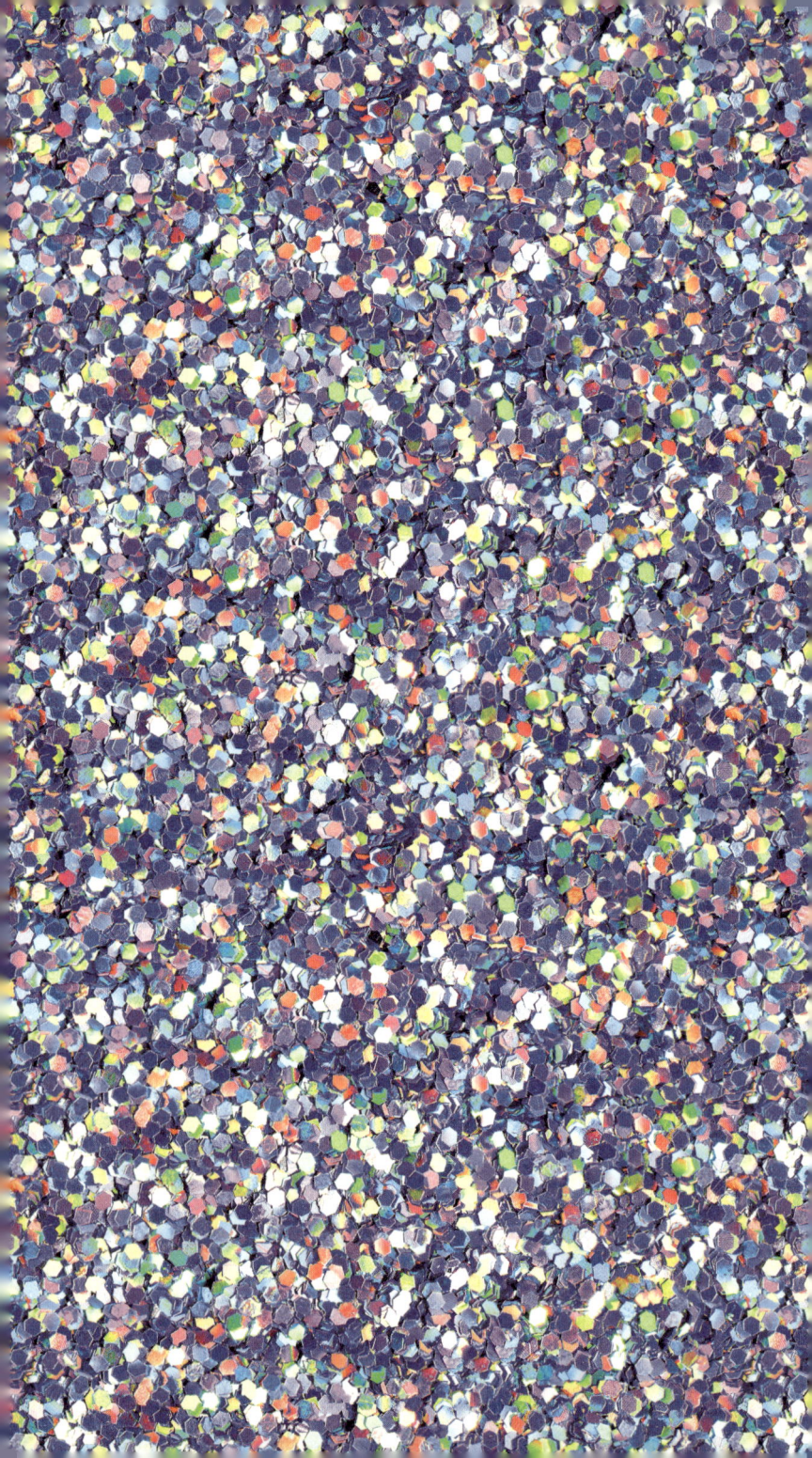

leykam: *seit 1585*

ANDREAS NEUENKIRCHEN

VÖLLIG LOSGELÖST

Wie Karaoke die Welt eroberte

leykam: *Sachbuch*

Im Gedenken an Shigeichi Negishi (1923 – 2024).
Thank you for the music.

Inhalt

08
Eines Nachts in Kobe, vor vielen
Hundert Jahren in Wales

13
Herr Negishi singt bei der Arbeit

26
Draußen in den Lichtspielhäusern und
daheim an den Empfangsgeräten

36
Kobe Beat

53
Der patente Herr Rosario

59
Beyond DiscoVision

80
Glory Days

88
Japan ist nicht genug

116
Karaoke, Mord & Todschlag

131
Singing in a Box

147
Warum singen?

166
Karaoke, Glaube, Volk und Nation

175
Karaoke-Storys

191
Zurück in den Äther

207
Gesang und Spiele und der
Rest des Lebens

219
Hast du etwas Zeit für mich?

227
Danksagungen

229
Quellen

234
Biografie

Intro

Eines Nachts in Kobe, vor vielen Hundert Jahren in Wales

Einige erzählen sich, dass eines Nachts in der Stadt Kobe, es muss in den 1960ern gewesen sein, ein bereits engagierter Musiker einen Kneipier sitzen gelassen hatte und nicht zum vereinbarten Liederabend erschienen war. Aber der Wirt verzweifelte nicht. Er spielte populäre Gassenhauer von Tonbändern ab und animierte seine Kundschaft, selbst mitzusingen. Das gefiel allen Beteiligten so gut, dass sie es Nacht für Nacht wiederholten. Schließlich wollten die Gäste und Wirtsleute anderer Betriebe nicht außen vor bleiben und organisierten ähnliche Veranstaltungen. Karaoke war geboren.

Es gibt etliche solcher Legenden. Einige davon sind wahr. Diese ist es nicht. Etwas komplexer, technisch aufwendiger und gesellschaftlich widerstandsreicher war es dann schon. Doch ein Fünkchen Wahrheit steckt durchaus darin. Die Zeit kommt hin, der Ort ist nicht ganz verkehrt, und die Stimmung stimmt. In den 1960ern lag etwas in der japanischen Luft, und zwar Musik. Die ganz schweren Jahre nach dem Zweiten Weltkrieg waren vorbei. Die Menschen hatten wieder ein wenig Geld, das sie in alkoholische Getränke investieren und in die Münzeinwürfe von Maschinen werfen konnten. Ihnen war wieder nach singen zumute, so, wie es in der japanischen Kultur und im japanischen Alltag eine jahrhundertealte Tradition war.

Das trifft natürlich nicht nur auf Japan zu. In Wales zum Beispiel wird schon so lange so inbrünstig gesungen, dass eine Tourismus-Website, die inzwischen leider vom Netz gegangen ist, Anfang des 21. Jahrhunderts behauptete, die Waliser*innen hätten in Wirklichkeit Karaoke erfunden: „Vor Hunderten und Hunderten von Jahren!" Japan hätte lediglich die Technik modernisiert. Außerdem wurde kolportiert, die Menschen in Wales bräuchten im Gegensatz zu denen in Japan keinen Alkohol, um den Mut zum Singen zu finden.

Ob die Trinkgewohnheiten in Japan und Wales sich stark unterscheiden, sei dahingestellt. Richtig ist jedenfalls, dass die Geschichte von Karaoke eng mit der des öffentlichen Singens verknüpft ist. Und da muss sich Japan hinter keinem Land verstecken: Jede Firma und jede Schule hat ihre Hymne, jede Region ihre Regionalfeste mit Tanz und Gesang, und das Amateursingen zu professioneller Musikbegleitung hatte schon Tradition, lange bevor die technischen Rahmenbedingungen geschaffen waren, unter denen wir es heute Karaoke nennen.

Zwar gab es auch im ganz alten Europa bereits saisonale Feste, in denen fröhliche Lieder gesungen wurden, etwa zum Wechsel der Jahreszeiten. Diese wurden aber circa 130 n. Chr. durch christliche Lieder ersetzt, die meist auf Lateinisch waren und vom Großteil der Bevölkerung nicht verstanden wurden, weshalb sie jenen auch nur mäßig interessierten.

Erst nach dem Jahr 1223, als in Italien die ersten Krippenspiele aufgeführt wurden, kamen volksnahe Weihnachtslieder auf. Rund 400 Jahre später wurden sie unter puritanischem Einfluss vielerorts wieder verboten, genau wie alle anderen Kirchenlieder. Oder Lieder im Allgemeinen.

Weltliche Gesangsvereine und -veranstaltungen blieben England und anderen Ländern derweil erhalten. So wurde das Singen zeitweise ein klar säkularer Akt. Es wurde oft an Orten praktiziert, an denen dem Alkohol und anderen weltlichen Freuden gefrönt wurde. Das war der Reputation des Gesangs nicht gerade zuträglich. Musik war in Europa über Jahrhunderte ein moralisches Problemthema. In Japan war das nie der Fall. Selbst wenn nicht gesungen wird, durchdringt die Musik den Alltag. Bahnhöfe haben Erkennungsmelodien, Blindenampeln pfeifen Lieder, und hätte der Rest der Welt sich ein Herz gefasst und bewusst von der Erfindung des Werbe-Jingles abgesehen, Japan hätte sich nicht zurückhalten können. Die akustischen Erkennungsmerkmale bekannter Marken sind dort genauso unverkennbar wie ihre optisch zu erfassenden Logos.

Wenn die Wales-Werbung auf die walisische Alleinstellung bei der Sangeslust hinweist, hat sie allerdings auch nicht unrecht. Zumindest mit einem eurozentrischen Blick. In Wales wurde bereits beim Gottesdienst gesungen, als in England und anderen Teilen Europas noch das Dogma galt, Kirchenlieder hätten in der Kirche nichts verloren. (Die ersten sogenannten Kirchenlieder, die mehr als sprechgesangliche Bearbeitungen von Psalmen waren, waren tatsächlich nur für den Privatgebrauch gedacht.)

Die Erfindung von Karaoke brauchte eine Gesellschaft, in der das Singen nie als etwas Frivoles galt, sondern stets einen festen, selbstverständlichen Platz im Alltagsleben hatte. Da hielt sich Wales in Europa, als Einäugiger unter den Blinden, nicht schlecht, doch war Japan wohl der bessere Nährboden. Hier hatten nie auch nur Diskussionen darüber stattgefunden, ob Gott der Gesang der Menschen gefalle oder er ihm ein Frevel sei. In den religiösen Erzählungen Japans spielen Musik und Gesang meist positive Rollen, und selbst als es unter gewissen Regimen verboten war, über bestimmte Themen zu sprechen, blieb den Mitteilungsfreudigen der Gesang als legales Schlupfloch.

Karaoke an sich ist weder religiös noch politisch (obwohl es mitunter von religiösen und politischen Organisationen für ihre Zwecke eingesetzt wird, im Osten wie im Westen). Genau deshalb konnte es nur in einem Land entstehen, in dem weder Religion noch Politik Probleme mit dem Singen aus reiner Freude hatten. Begünstigt war der Prozess von einer Zeit, in der die Menschen ohnehin gerade die Freude am Leben wiederentdeckten und sich erst mal mit angenehmeren Themen als Politik und Religion auseinandersetzen wollten, zumal sie mit beidem in jüngerer Vergangenheit keine allzu angenehmen Erfahrungen gemacht hatten.

Der Rest der Welt brauchte etwas länger, um Karaoke zu verstehen, kam ab den 1980ern aber auch dahinter. Anstatt den japanischen Brauch eins zu eins zu adaptieren, bildeten sich in unterschiedlichen Ländern unterschiedliche Karaoke-Gepflogenheiten und -Sichtweisen. An manchen Orten wurde es reine Trash-Unterhaltung oder lebensnotwendiger Eskapismus, anderswo ein streng organisierter sportlicher Wettbewerb, hier und da auch ein ernsthaftes Karrieresprungbrett für die nächsten Generationen von Popstars. Aber eins ist fast überall gleich: Karaoke ist aus Alltag, Kunst und Wirtschaft nicht mehr wegzudenken. Seine über fünfzigjährige Geschichte ist eine Geschichte von genialen Außenseitern und skrupellosen Großkonzernen, von organisierten und unorganisierten Verbrechern, von Möchtegern- und Weltstars, alles zu einem Soundtrack von Sinatra bis Springsteen, mit K-Pop und J-Pop, Schlager und Punk. Und sie beginnt weder in Kobe noch in Wales, sondern in einem Vorort, der 1967 gerade noch zu Tokio gehörte.

Track 1

Herr Negishi singt bei der Arbeit

Shigeichi Negishi mochte zwei Dinge: Elektroteile und den Klang seiner Stimme. Mit letzterem gehörte er in seinem sozialen Umfeld einer Minderheit an. Die Angestellten seiner Firma meinten, ihr ständig singender Chef müsste sich selbst nur einmal so hören, wie sie ihn hörten, um zur Besinnung zu kommen. Auf den Gedanken folgten Taten. Und der Rest ist Karaoke.

ITABASHI, TOKIO, 1967

Mit 44 Jahren führte Shigeichi Negishi einen gut gehenden, selbst gegründeten Betrieb, der Elektronikteile für größere Unternehmen aus der Branche der Unterhaltungselektronik herstellte. Sein Weg dahin war kein geradliniger gewesen. Als junger Mann befand er sich mitten im Wirtschaftsstudium an der Hosei-Universität in Tokio, als er im Zweiten Weltkrieg an die Front berufen wurde. Der Krieg endete für ihn in einer zweijährigen Gefangenschaft in Singapur. Als er nach Japan zurückkehrte, verkaufte er zunächst Kameras für den namhaften Hersteller Olympus und versuchte sich, die Zeichen der Zeit erkennend, an Manga- und Anime-Merchandising. Einmal besuchte er das Mushi-Studio von Osamu Tezuka, dem Erfinder des modernen japanischen Comics, dessen Einfluss auf die japanische Gegenwartskultur mit dem von Walt Disney auf die amerikanische vergleichbar ist. Er wollte der Marketing-Abteilung die Rechte abluchsen, tragbare Radios mit der Tezuka-Figur Astro Boy zu verzieren, einer atombetriebenen Roboter-Version von Pinocchio. Die Verhandlungen verliefen anscheinend nicht zu Negishis Zufriedenheit. Dennoch war er fasziniert von dem, was er im Studio sah. Der mächtige Tezuka arbeitete auf einer Empore über allen anderen und ließ gelegentlich über ein komplexes Seilwindensystem Entwürfe zu seinen Assistenten herab, damit sie diese vervollständigten. Negishi war beeindruckt davon, wie der Künstler, der schon zu Lebzeiten der „Gott des Mangas" genannt wurde, seinen Schaffensprozess organisiert und automatisiert hatte. Womöglich gab ihm das Ideen für seine eigene Firma, die er bald gründen sollte.

WAFFEN ZU RADIOTEILEN

Shigeichi Negishi wurde am 29. November 1923 in Itabashi geboren. Sein Vater war als Beamter in der Lokalpolitik involviert, seine Mutter führte einen Tabakladen. Als Kind war er eher den schönen Künsten und dem Kunsthandwerk zugetan. Er war bekannt für die Miniaturstädte, die er aus Papier baute. Mit elf hatte er einen landesweiten Kalligrafie-Wettbewerb gewonnen. Doch trotz dieser künstlerischen Ader schien ihm in seiner zweiten Lebenshälfte das Leben als Elektronikbastler und Aufseher von Elektronikbastlern zu genügen. Er war wieder an seinen Geburtsort zurückgekehrt, einem nördlichen Stadtteil Tokios. Der nahe gelegene Fluss Arakawa war für die fulminanten Feuerwerke bekannt, die im Sommer über ihm abgefeuert wurden, wie es in Japan Sitte ist (über Neujahr bleibt es eher ruhig und dunkel). Ansonsten war Itabashi für nicht viel bekannt. In den 1960ern war es von der pulsierenden Großstadt, zu der es offiziell gehörte, verkehrstechnisch noch abgetrennt. Es hatte womöglich mehr Ähnlichkeit mit der als verschlafen geltenden Präfektur Saitama, die gleich am anderen Ufer des Flusses begann und über die die vermeintlich mondäneren Tokioter so gerne Witze machten. Ein nennenswertes Nachtleben gab es in Itabashi nicht, hier wurde lediglich gewohnt und gearbeitet. Im 19. Jahrhundert war die Gegend noch landwirtschaftlich geprägt gewesen, im 20. siedelte sich die Industrie an. Vor allem die Rüstungsindustrie. Die Zerstörung der dortigen Waffen- und Munitionsfabrik durch amerikanische Bomberangriffe wurde als militärischer Meilenstein im Zweiten Weltkrieg angesehen. Nach der Kapitulation gründeten viele der ehemaligen Waffeningenieure Betriebe zur Fertigung von Radioteilen. So wurde Itabashi so etwas wie die industrielle Version von Akihabara, Tokios Hauptumschlagplatz von Elektronikgeräten seit den 1930ern, damals vor allem wegen seines lebhaften Schwarzmarkts.

Eine angemessene Menge an Amüsierbetrieben würde in Itabashi noch ein paar Jahrzehnte auf sich warten lassen, aber die Verschlafenheit des Ortes machte Negishi offenbar nichts aus. Er hatte womöglich im Krieg und in der Gefangenschaft genügend Aufregung gehabt. Zu seinen kleinen Freuden gehörte das Mitsingen populärer Melodien, die in der Radiosendung *Popsongs ohne Gesang* gespielt wurden. Dieses Rundfunk-Konzept war nicht allein in Japan bekannt, und natürlich hat es seinen ganz eigenen Platz in der (Vor-)Geschichte des Karaoke.

Negishis Firma, Nichiden Kogyo, war eine von vielen vor Ort, die Komponenten herstellte, die dann in den Geräten größerer Unternehmen verbaut wurden. Sie war in erster Linie auf die Herstellung von 8-Spur-Tonbandgeräten für Autoradios spezialisiert. Eine Technologie, die in der Entwicklung des Karaoke eine entscheidende Rolle spielen sollte. In Autoradios lösten die Geräte damals die Plattenspieler ab. Richtig gelesen: Vor dem kompakten 8-Spur-Tonband wurde in besonders nobel ausgestatteten Straßenkreuzern tatsächlich Musik vom Plattenteller gehört. Man durfte nur nicht über Hubbel fahren, scharf bremsen oder mit Schwung in die Kurve gehen. Da sich aber das eine oder andere im Straßenverkehr kaum vermeiden ließ, setzte sich Vinyl im Kraftfahrzeug nie im ganz großen Stil durch.

Negishi hatte mit den Tonbandgeräten auf das richtige Pferd gesetzt. Seine Geschäfte liefen gut. Er beschäftigte rund achtzig Techniker und Ingenieure. Bei seinen Mitarbeitern war er beliebt. Wenn er nicht gerade sang. Als er seinem Hobby eines Morgens wieder in Hörweite anderer nachging, zog er den Spott des obersten Ingenieurs auf sich. Negishi fragte sich, warum seine eigene Wahrnehmung seines süßen Gesangs sich von der anderer so sehr unterschied. Den Ingenieur fragte er: „Wäre es möglich, ein Mikrofon an ein Tonbandgerät anzuschließen, damit ich mich beim Singen der Nummern von *Popsongs ohne Gesang* aufnehmen kann?"

Damit rannte er bei ihm offene Türen ein. Drei Tage später stand das Ergebnis auf Negishis Schreibtisch. Der Ingenieur hatte einen Mikrofonverstärker über einen Mischerkreis mit einem 8-Spur-Tonbandgerät verbunden. Der Kasten war offen, offenbarte ein rechtes Kabelgewirr. Negishi schaltete ihn an und fütterte ihn mit einer Aufnahme des Schlagers „Mujo no Yume" (Der herzlose Traum), einem Evergreens aus den 1930ern. Die Melodie setzte ein ... Negishis Gesang setzte ein ... es war in seinen Ohren nach wie vor eine perfekte Harmonie! Und es war die erste echte Karaoke-Darbietung in der Geschichte der Menschheit.

„Es funktioniert!", war Negishis erster Gedanke. „Das macht Spaß!", war sein zweiter. Sein dritter könnte gewesen sein: „Damit lässt sich bestimmt Geld machen." Also bat er seinen Ingenieur, den Kabelwust mit einem geschlossenen Gehäuse zu kaschieren und das Ganze mit einem Munzeinwurf zu versehen, der in der Werkstatt gerade ohne Bestimmung herumlag.

AM ANFANG WAR DIE SPARKO BOX

Der Ingenieur machte sich erneut an die Arbeit und kam schließlich mit einem würfelförmigen Kasten zurück, der auf jeder Seite knapp einen halben Meter maß, an den Rändern Chromleisten hatte und auf den meisten Flächen mit beigem

Laminat verkleidet war. Es gab ein rechteckiges Fach für Tonbänder, einen Mikrofonanschluss und neben dem wichtigen Münzeinwurf Knöpfe, mit denen sich Lautstärke, Balance und Tonhöhe regeln ließen. Die Front verzierte eine durchsichtige, geriffelte Plastikscheibe, hinter der dekorative Glühbirnchen in verschiedenen Farben im Takt der Musik blinkten.

Negishi sah, dass es gut war, und taufte den Kasten auf den Namen Sparko Box, nach dem Englischen *to sparkle* (funkeln). Diese Idee kam ihm von der Plastikscheiben/Glühbirnen-Applikation an der Front, einer seiner früheren Erfindungen, für die er nun endlich, integriert in eine andere Erfindung, eine Verwendung gefunden hatte.

Begeistert brachte Negishi die Sparko Box am Abend nach Hause, um sie an seiner Frau und seinen drei Kindern auszuprobieren. Seine Tochter, damals im popmusikanfälligen Teenager-Alter, war geradezu schockiert von der Erfahrung, ihre eigene Stimme über Lautsprecher und zu musikalischer Begleitung zu hören. Aber sie konnte nicht genug davon bekommen.

Obgleich Shigeichi Negishi die historische Tragweite seiner Erfindung nicht absehen konnte, war er sich durchaus bewusst, dass da etwas in seiner Küche stand, das zu schade für seinen Küchentisch allein war. Als Leiter einer Firma, die mit Führenden der Unterhaltungselektronik-Branche gemeinsame Sache machte, war er in geschäftlichen Dingen nicht völlig unbeleckt. Dennoch fehlte es ihm an Erfahrung, Artikel selbst an Endkunden zu vertreiben. Sein Unternehmen stellte Produkte her, die von anderen Unternehmen als Teile ihrer Produkte vertrieben wurden.

Er versuchte trotzdem sein Bestes. Er druckte Text- und Notenblätter und band sie zu Büchlein, um den neuen Zeitvertreib zugänglich zu machen. Wichtiger als die Textsicherheit seiner potenziellen Kund*innen war allerdings, dass er überhaupt Musik hatte, die er mit der Sparko Box verkaufen konnte. Er wandte sich an einen Bekannten, der als Toningenieur bei der Japanischen Rundfunkgesellschaft NHK (Nippon Hōsō Kyōkai) arbeitete. Der raunte ihm zu: „Was du brauchst, sind Karaoke-Bänder." Dieses Wort hörte er zum ersten Mal.

ALS KARAOKE NOCH PROFI-SACHE WAR

Der Begriff „Karaoke" war ein Fachterminus aus der Rundfunkwelt. Wenn Fernseh- oder Radiosender ihre Stars zu Auftritten auf das Land schickten, war es normalerweise zu aufwendig, eine ganze Band oder gar ein Orchester einzupacken. Also wurden die Instrumentalparts der Lieder vorab eingespielt. Keine japanische Besonderheit. „Halb-Playback" nannte Dieter Thomas Heck das Prinzip kurze Zeit später bei der Erstausstrahlung der *ZDF-Hitparade* im Jahr 1969.

Wörtlich bedeutet Karaoke „leeres Orchesterr", vom japanischen *kara* (leer) und einer Abkürzung des Lehnworts *okesutora* (einer Japanifizierung des englischen *orchestra*). Das *kara* ist dasselbe wie in Karate (leere Hand), einem weiteren japanischen Exportschlager, obwohl dort das *kara* üblicherweise mit dem properen Schriftzeichen 空 geschrieben wird, während für Karaoke die Silbenschrift Katakana verwendet wird, die unter anderem Lehnwörtern vorbehalten ist: カラ (ka ra) オケ (o ke). Das Wort gefiel Negishi so sehr, dass er überlegte, seine Erfindung umzutaufen. Doch als er einen Vertriebspartner für sein Gerät fand, intervenierte dieser. Das klänge zu sehr nach Sarg (*kan'oke*), fand er. „Sparko Box" andererseits war dem gemeinen Volk womöglich schwer vermittelbar. So machte der Prototyp zunächst unter unterschiedlichen Bezeichnungen wie „Music Box", „Night Stereo" oder „Mini Jukebox" die Runde.

Neben dem Namen stellte die Beschaffung des musikalischen Materials weiterhin eine gewisse Schwierigkeit dar. Negishi hatte einige Bänder von seinem Kontakt bei NHK erhalten, doch die Musik gehörte der Rundfunkanstalt. Die konnte er nicht verwenden, sollte er seine Musikbox wirklich im größeren Stil vermarkten.

Glücklicherweise war der Musikmarkt damals noch nicht so streng reglementiert wie heute. Negishi wandte sich an einen Freund, dessen Betrieb Tonbänder vervielfältigte. Darunter waren viele Instrumentalaufnahmen bekannter Lieder, die an Tanzlokale verkauft wurden, wo professionelle Sänger*innen live vor Ort den Gesang beisteuerten. Außerdem waren sie beliebt bei Privatkund*innen, die einfach zu Hause gerne sangen. Menschen also, die bereits Karaoke praktizierten, bevor es Karaoke gab. Negishi war mit seiner Marotte nicht allein. Sein Tonbänder bespielender Freund hatte nichts dagegen, dass er die Aufnahmen für seine Box verwendete. Das reichte dem Sparko-Erfinder als rechtliche Absicherung. Streng genommen hätte er selbstverständlich auch damals schon die Urheber*innen der Songs um Erlaubnis fragen müssen, doch das wurde da noch nicht ganz so verbissen gesehen.

Negishi tingelte mit seinem Konzept durch die Kneipen. Es kam hervorragend an. Wer bislang in der Öffentlichkeit zu musikalischer Begleitung singen wollte, musste sich an professionelle Musiker*innen wenden, die in jenen Jahren zu diesem Zweck tatsächlich durch die Gastronomie streiften. Sie rührten ihre Finger allerdings erst ab einer Gage von mindestens 1.000 Yen und spielten dafür eine Handvoll Lieder. Die neue Maschine hingegen wollte nur 100 Yen (zu jener Zeit immerhin der Preis von drei bis vier Getränken) für „ungefähr 10 Minuten", wie es die Beschriftung über dem Münzeinwurf versprach, und nahm an der Theke weniger Platz weg als ein*e Musikant*in aus Fleisch und Blut.

Die Kund*innen waren begeistert. Die Wirt*innen waren begeistert. Die Musiker*innen waren nicht begeistert. Sie übten Druck auf die Wirt*innen aus, und so hörte Negishi häufig als Rückmeldung nach seinen Veranstaltungen: „Unsere Kundschaft konnte gar nicht genug davon bekommen, bitte kommen Sie nie wieder."

Diese spezielle Art von Musiker*innen, auf die Negishi noch spät im Leben nicht gut zu sprechen sein würde, wurden als *Nagashi* (Herumtreiber) bezeichnet. Laut Negishi waren sie organisiert wie Verbrecherbanden und traten ähnlich resolut auf. Überall, wo der Erfinder aus Tokio seine Box aufstellte, tauchten *Nagashi* auf und übten Druck auf die Betreiber*innen aus, die Boxen wieder einzupacken. Das war nicht nur in Tokio der Fall, sondern auch in Orten wie Osaka oder dem nördlichen Akita, wo der Erfinder mit der Sparko Box ebenfalls sein Glück versuchte. Shigeichi Negishis Musiktruhe konnte sich trotz aller Begeisterung beim singfreudigen Volk nirgends etablieren. Zumindest nicht in dem Sinne, in dem sie gedacht war.

KEINE CHANCE FÜR DIE LIEBE?

Willige und dauerhafte Abnehmer*innen fand sie lediglich in der Hotelbranche. Genauer in der Love-Hotel-Branche. In Japan lebten meist mehrere Generationen unter einem Dach, und die Wände bestanden häufig noch aus Papier. Daher waren die Stundenhotels nahezu alternativlos, wenn liebenden oder bloß lüsternen Paaren der Sinn nach ein bisschen intimer Zweisamkeit stand. Dass sie einander vor dem Akt etwas vorsängen, wäre nun allerdings eine allzu romantische Vorstellung. Was die Sparko Box für Love-Hotel-Zimmer prädestinierte, waren ihre hübschen, bunt blinkenden Lichter. Die Häuser versuchten sich mit überkandidelten Einrichtungsideen zu übertrumpfen, und Negishis Glitzerkasten passte da gut rein.

So hatte sich der Erfinder das nicht vorgestellt. Er nahm die Einnahmen aus dem Love-Hotel-Gewerbe gerne mit, doch sein Enthusiasmus für die Sache schwand. Laut eigenen Aussagen diskutierte er mit seinem Vertriebspartner eine Patentierung der Box, aber man entschied sich gemeinsam dagegen. Erstens war der Prozess langwierig und kostenintensiv. Zweitens waren die Erfolgsaussichten angesichts des heftigen

Widerstands der *Nagashi* auch auf lange Sicht äußerst gering. Und drittens: Wozu überhaupt ein Patent? Es war nicht so, dass sie irgendwelche Konkurrenten hätten. Das meinten sie zumindest …

Negishi kam zu der Erkenntnis, dass seine Erfindung vielleicht doch nicht die Massen derart bewegen würde, wie sie seine Familie daheim am Küchentisch bewegt hatte. 1975 gab er die Sache auf und wandte sich wieder seinem Kerngeschäft zu, nachdem sein Geschäftspartner bereits zwei Jahre zuvor das Handtuch geworfen hatte. Bis dahin hatte er 8.000 Sparko Boxen verkauft. Wie viele davon in Love-Hotels stumm nackte Pobacken beleuchteten, ist nicht aufgeschlüsselt.

Sein Rückzug aus dem Karaoke-Geschäft bedeutete nicht, dass er sich nicht hin und wieder von neuen, innovativen Ideen zu nebenerwerblichen Ausflügen hinreißen ließ. Unter anderem ging er mit einem elektronisch sprechenden buddhistischen Gebetsbuch hausieren. Es ist nicht bekannt, ob er das Unterfangen auf Druck zorniger buddhistischer Priester wieder einstellte. (Zuzutrauen wäre es ihnen. Der Buddhismus geriert sich in Asien oft ruppiger, als Buddhist*innen im Westen es hören mögen.)

Dass Negishi seine Sparko Box nicht zum Patent anmeldete, ist trotz der nachvollziehbaren Begründung ungewöhnlich. Er war diesem Vorgang gegenüber keineswegs grundsätzlich abgeneigt. Diverse Patente liefen bereits unter seinem Namen. Fast möchte man meinen, dass keine Idee unpatentiert seine Werkstatt verließ. Zu seinen Erfindungen gehört unter anderem ein Farbball, mit dem Angestellte von Banken und Geschäften Räuber und Diebe bewerfen können, um sie für den leichteren Polizeizugriff farblich zu markieren. Diese Kugeln sind noch heute im Einsatz.

HERR NEGISHI IM RUHESTAND

Als der Journalist Matt Alt für sein 2020 erschienenes Buch *Pure Invention: How Japan's Pop Culture Conquered the World* recherchierte, traf er den Sparko-Box-Erfinder als einen rüstigen, auskunftsfreudigen Rentner von 95 Jahren, der seinen noch funktionierenden Kasten gerne demonstrierte. 1993 war er mit 70 Jahren in den Ruhestand gegangen. Untätig blieb er allerdings nicht. Er wandte sich wieder dem Kunsthandwerk zu, dem er bereits in jungen Jahren zugetan war, bevor er sich, wohl aus pragmatischen Gründen, für ein Wirtschaftsstudium entschlossen hatte. Im Ruhestand flocht er Körbe, fertigte Skulpturen an und gab nie das Singen auf, auch wenn er zunehmend weniger hören konnte. Laut seiner Tochter Atsumi Takano machte es ihm nie etwas aus, dass er nicht im großen Stil vom Karaoke-Boom profitieren konnte. Stattdessen empfand er bloß Stolz, dass seine Erfindung es so vielen Menschen in der ganzen Welt ermöglicht hatte, Spaß am Singen zu finden.

In Itabashi – dem Tokioter Stadtteil, in dem Shigeichi Negishi geboren wurde, die meiste Zeit seines Lebens gewirkt hatte und 2024 im Alter von hundert Jahren gestorben ist – erinnert heute keine Plakette und kein Denkmal an ihn. (Er hatte zum Zeitpunkt der Niederschrift nicht einmal eine japanische Wikipedia-Seite, sondern lediglich eine englische, eine italienische, eine katalanische und eine in der austronesischen Sprache Zentral-Bikolano, eine der 171 Sprachen, die auf den Karaoke-fanatischen Philippinen gesprochen werden.) Die Radiosendung, die ihn einst zum Singen und letztendlich zu seiner Erfindung inspiriert hatte, ist heute ebenfalls in Vergessenheit geraten. Dabei war ihr Konzept damals nicht nur in Japan populär, sondern stachelte auch auf der anderen Seite des Globus Zuhörer*innen dazu an, nicht bloß zuzuhören.

Track 2

Draußen in den Lichtspielhäusern und daheim an den Empfangsgeräten

Lange bevor Karaoke oder ein legitimer Vorläufer davon in der Welt war, forderten in Ost wie West Fernseh- und Radiosendungen ihr Publikum an den Empfangsgeräten auf, kräftig mitzusingen, wenn die Musik spielte. Und selbst die hatten Vorläufer in einem anderen Medium.

VOR DEM HAUPTFILM WIRD GESUNGEN

Eine animierte Kurzfilmreihe, die eines der wichtigsten Merkmale modernen Karaokes vorwegnahm, war eine amerikanische Zeichentrickserie namens *Screen Songs*. Sie ist so alt, dass es sich nicht einmal um eine Fernsehserie handelte, denn die Tele-vision fand zu jener Zeit ausschließlich in den Tüftelstuben visionärer Wissenschaftler statt, aber noch längst nicht in heimischen Wohnzimmern. Die *Screen Songs* flimmerten ab 1929 über die Kinoleinwände, um das Publikum in den

Lichtspieltheatern vor der Hauptvorführung mit etwas Gesang in Stimmung zu bringen. Es handelte sich um eine Fortsetzung der konzeptionell ähnlichen Reihe *Song Car-Tunes*. Ihr kommt eine filmhistorische Bedeutung zu, die oft unter den Tisch gekehrt wird: Einige der Episoden gehörten zu den weltweit ersten Tonfilmen, und zwar zwei Jahre vor *The Jazz Singer* von 1927, dem ersten offiziellen abendfüllenden Spielfilm mit Ton (tatsächlich waren dort nur einzelne Szenen vertont). Die Mehrzahl der circa drei Minuten langen Filmchen waren stumm aufgezeichnet und auf Live-Musikbegleitung angelegt.

Als die Serie in *Screen Songs* umbenannt wurde, war sie dazu gedacht, den gesanglichen Teil der musikalischen Begleitung dem Publikum zu überlassen. Es wurden Liedtexte eingeblendet, über die ein fröhlicher Ball tanzte, der anzeigte, was gerade gesungen werden musste. Dasselbe Prinzip sollte später Karaoke noch zugänglicher machen – allerdings erst Jahrzehnte nach Erfindung der ersten Geräte.

Zu den Liedern, die die *Screen Songs* in die Kinos brachten, gehörten unter anderem Irving Berlins „Oh! How I Hate to Get Up in the Morning", der irische Folk-Standard „Rocky Road to Dublin" und „Yaka Hula Hickey Doola", der hawaiianisch gemeinte große Sommerhit von 1916 („Yaka Hula Hickey Doola" ist kein echtes Hawaiianisch). Ansonsten dominierten Country und Jazz. Dargeboten wurden die Lieder meistens von Zeichentrickfiguren.

Filmtitel wie *Chinatown, My Chinatown* mit den entsprechend überzeichneten Figuren würden heute so nicht mehr aufgeführt werden. Am Anfang des Films sieht man zwei stereotype Chinesen mit Spitzhüten, von denen einer mit Stäbchen aus einer Schüssel isst, während der andere neben ihm ein Hemd bügelt. Während der Bügler unachtsam ist und die Hitze des Bügeleisens prüft, fällt ihm das Hemd versehentlich ins Essen, woraufhin es vom anderen verspeist wird. Der Bügelnde weiß nicht, was aus dem Hemd geworden ist, bis der andere einen Knopf ausspuckt. Es kommt zu einem Kampf, bei dem die beiden ihre Spitzhüte als Schwerter verwenden. Der Bügler sticht schließlich dem anderen mit seinem Hut in den Hintern, woraufhin jener chinesische Schriftzeichen weint, die sich in den Hüpfball verwandeln, der dem Publikum hilft, textsicher zu bleiben. In gebrochenem Englisch mit chinesischem Akzent werden die Zuschauer*innen aufgefordert mitzusingen. Sollten sie es nicht tun, so die Warnung, würde ihre Wäsche nicht gewaschen werden. Der Song selbst beinhaltet mehrere klassische chinesische Instrumente, öfter wird ein Gong geschlagen. Zum Schluss verwandelt sich der Ball in einen alten chinesischen Mann, der über die Worte hüpft, bis er bei einer Wäscheleine ankommt. Das Branchenblatt *The Film Daily* nannte es „ein klasse Stück Unterhaltung" und „einen großen Spaß".

Die meisten *Screen Songs* hatten jedoch unbedenklichere Figuren, oft anthropomorphe aus dem Tierreich. Später hatten auch waschechte Menschen Gastauftritte, etwa die Sängerin und Schauspielerin Ethel Merman, das Gesangsquartett The Eton Boys oder die Jazzformation The Mills Brothers. Ein Prinzip, das sich bald auch ein anderes Medium zunutze machte.

MITCH KOMMT ZU IHNEN NACH HAUSE

Ein weiteres amerikanisches Unterhaltungsformat, das gewisse Prinzipien von Karaoke vorwegnahm, kam drei Jahrzehnte später über das Land. In rund dreißig Jahren hatte sich die Unterhaltungslandschaft fundamental verändert. Man musste zum Singen nicht mehr ins Kino gehen. Die Show *Sing Along with Mitch* kam direkt zu den Zuschauer*innen auf die Fernsehbildschirme daheim. Der Moderator Mitchell William Miller (oder bloß Mitch Miller) war als Musiker, Chordirigent, Musikproduzent, Repertoirechef und Geschäftsmann einer der einflussreichsten Musik-Impresarios seiner Zeit. Er begann als Oboist im Orchester von George Gershwin, und bald gab es kaum einen Aspekt des Musikgeschäfts, in dem er nicht seine Finger hatte. Als Karaoke-Erfinder wird er normalerweise nicht gesehen, und das wäre in der Tat zu viel der Ehre. Aber mit *Sing Along with Mitch* bereitete er den Boden vor, auf dem Karaoke gedeihen sollte.

Der Titel lässt es schon ahnen: *Sing Along with Mitch* war eine Sendung zum Mitsingen. Erstmals wurde sie am 24. Mai 1960 innerhalb der Sendereihe *Startime* ausgestrahlt, einer der ersten Farbsendungen in der Fernsehgeschichte. Darin wechselten sich fiktionale Produktionen, Dokumentationen und Showprogramme ab, ohne dass ein großes, einendes Konzept dahinter zu stecken schien. Bei diesem einen Singabend mit Mitch hätte es eigentlich bleiben sollen. Doch das Format erwies sich als so beliebt, dass es am 27. Januar des nächsten Jahres in Serie ging, am Freitagabend um 21

Uhr, zunächst abwechselnd mit der Konzertreihe *The Bell Telephone Hour*. In *Sing Along with Mitch* sang auf der Bühne vor allem ein Männerchor, der von Miller dirigiert wurde. Einige Chormitglieder spielten auch in kurzen Sketchen mit. Mitunter versteckten sich bekannte Mitsänger unter den Männern, deren Identität erst in den Jahresendsendungen enthüllt wurde. Angeblich waren diese Gastauftritte unter Prominenten so beliebt, dass in der Geschichte der Sendung nur ein einziger angefragter Gast abgesagt hatte: Ex-Präsident der USA Harry S. Truman.

Viele Zeitzeugen behaupteten später steif und fest, dass es während der Singalongs Texteinblendungen mit einem springenden Ball wie in einigen Screen-Song-Filmen gegeben hätte. Tatsächlich vermischten sich dabei wohl Erinnerungen an die Fernsehserie und die Filmreihe. Den Ball hat es bei Mitch nie gegeben.

Die Serie war nicht aus dem Nichts entstanden, sondern ging zurück auf eine erfolgreiche Alben-Reihe des Gastgebers, die ebenfalls *Sing Along with Mitch* hieß. Sie umfasste ab 1958 neunzehn Alben, wenn man *Golden Harvest Sing Along* (1961) und *Peace Sing Along* (1970) mitzählt, die Mitch nicht im Titel führten, obwohl er dahintersteckte. Neben Titeln wie *More Sing Along with Mitch* und *Still More! Sing Along with Mitch* gab es auch Themenalben wie *Sentimental Sing Along with Mitch* oder *Christmas Sing Along with Mitch*, welches laut den Billboard Charts drei Jahre in Folge das erfolgreichste amerikanische Weihnachtsalbum war. *Rock Sing Along with Mitch* oder *Roll Sing Along with Mitch* gab es derweil nicht, denn Rock 'n' Roll hielt Mitch laut eigener Aussage für eine Krankheit.

Das Konzept von Alben und Shows lud zwar zum Singen ein, dennoch gibt es einen entscheidenden Unterschied zwischen Singalong und Karaoke: Bei Karaoke steht ein*e Solo-Sänger*in im Mittelpunkt, beim Singalong singen alle miteinander. Diese Unterscheidung ist denen, die versuchen, die Geschichte von Karaoke zu rekonstruieren, gemeinhin wichtig. Und tatsächlich ist sie gerade mit Blick auf das Entstehungsland von Karaoke bedeutend: Japan gilt nicht gerade als ein Bollwerk der Individualität. Es müsste eher ein Singalong-Land als ein Karaoke-Land sein, denn es ist ein Land der Konformität, der Massenrituale und Massenkultur. Das ist oftmals der erste Eindruck, den westliche Beobachter*innen haben. Dieser wird den Tatsachen aber nicht komplett gerecht.

JAPAN BESINGT DAS INDIVIDUUM

Obwohl alle Japaner*innen an einem Strang ziehen, wenn es drauf ankommt, ist nicht jede und jeder mit jeder und jedem austauschbar. Gerade weil die Gesellschaft das Gemeinwesen über das Individuum stellt, werden Nischen, in denen der oder die Einzelne sich ganz nach seiner oder ihrer Fasson entfalten kann, als selbstverständlich und notwendig erachtet. Oft akzeptiert die japanische Gesellschaft solche Nischen souveräner als westliche Kulturen. Wer in besonders ausgefallener Garderobe durch die Straßen großer und kleiner Städte flaniert, wird deutlich weniger unflätigen Kommentaren seiner Mitbürger*innen ausgesetzt sein, als täte er oder sie das in Wien oder Bad Salzuflen. Von hochspezialisierten Sammel-Hobbys über literarische Sub-Sub-Genres bis hin zum sexuellen Fetisch gibt es kaum eine kleinteiliger partitionierte Kultur als die japanische. Karaoke kann als eine dieser vielen Nischen gewertet werden, in denen die Gesellschaft ihren Mitgliedern erlaubt, beim Singen von Liedern, die andere geschrieben haben, ganz sie selbst zu sein.

Amerika hingegen, wo kaum jemals ein Satz gesprochen wird, der nicht als ganz persönlicher Standpunkt verstanden werden möchte, singt offenbar lieber im Chor. Vielleicht ist die Kirche schuld. Vielleicht ist das Chorsingen auch – als Gegenstück der Begeisterung des konformen Japans für ein betont individualistisches Freizeitvergnügen – ein Ausdruck der Sehnsucht einer betont individualistischen Gesellschaft nach Assimilation. Vielleicht drückt sich hier Amerikas unbewusstes Verlangen aus, einmal nicht das Banner der Individualität schwenken zu müssen, was ja mit der Zeit auch anstrengend werden kann, sondern ganz in der Masse aufzugehen.

Spezifisch westliche Auswüchse wie das Rudelsingen in deutschen Mehrzweckhallen oder der finnische Weltrekord im Massen-Karaoke – der 2009 von den USA übertroffen wurde – werden oft mit klassischem Karaoke in einen Topf geworfen. Streng genommen geht es dabei aber nicht wie in der Urform des Karaoke darum, das Individuum strahlen zu lassen, sondern um eine Rückkehr zum Chorgesang. Zum Singalong. Mittlerweile aber ohne Mitch, dessen Vorstufe von Karaoke nicht der einzige Schlager aus den USA war.

DIE MUSIKBOX AUS AMERIKA

Die Jukebox, also der Automat, der nach Münzeinwurf Single-Schallplatten nach Wunsch abspielt, führte vielleicht nicht in direkter Linie zur Entwicklung der ersten Karaoke-Anlagen, aber als Inspirationsquelle ist sie nicht von der Hand zu weisen. Wer sich über die Jukebox ein Lied aussuchte, wollte es nicht in erster Linie selbst singen. Doch je später der Abend, desto verschwommener die Grenze zwischen Töne hören und Töne produzieren.

Der Name der Jukebox kommt von *juke* oder *jook*, was im kreolischen Jargon so viel wie zotig bedeutet und sich insbesondere auf entsprechende Inhalte in Musik, Rede und Tanz bezieht. Weniger lustbetont nannte man die Jukebox in Deutschland auch „Groschengrab". Nach Japan kam sie durch die amerikanische Besatzung nach dem Zweiten Weltkrieg. Anders als die Besatzung erfreute sie sich schnell großer Beliebtheit. In den 1960ern, kurz vor der Geburtsstunde von Karaoke, gab es kaum eine Bar, einen Nachtclub, ein Café oder ein Kabarettheater ohne einen solchen Kasten. Einige der Geräte hatten sogar angeschlossene Mikrofone, die eher für An- und Durchsagen als für Gesangsdarbietungen gedacht waren.

Jukeboxes hatten einen großen Nachteil, der sich aber für die japanische Wirtschaft und für die japanische Kultur als großer Vorteil erweisen sollte: Sie gingen ständig kaputt. Also mussten sie immer wieder repariert werden. Etliche japanische Firmen spezialisierten sich bald auf die Instandhaltung von amerikanischen Jukeboxes. Dabei wurde nicht nur eine

Generation von Technikern ausgebildet, die sich mit musikalischer Unterhaltungselektronik bestens auskannte. Es entstanden etliche Unternehmen, die sich später zu Giganten des nationalen und internationalen Unterhaltungssektors entwickeln sollten. So wie Nintendo mit Spielkarten und Nokia mit Gummistiefeln begann, boten namhafte spätere Videospielehersteller wie Sega, Konami und Taito (heute Teil von Square Enix) zunächst Import- und Reparatur-Services für Musikboxen an.

Das seinerzeit auf mechanische Spielautomaten spezialisierte Unternehmen Sega (Service Games of Japan) war das erste im fernen Osten, das in Restaurants und Hotels Jukeboxes aufstellte. Die Maschinen wurden in den USA über diverse Zwischenstufen aus selbstspielenden Instrumenten (meistens Klavieren) mit Münzeinwurf entwickelt. In den 1890ern kamen die ersten Geräte auf, die, anstatt selbst Musik zu produzieren, Aufnahmen abspielten. Von diesen Münz-Phonographen dauerte es rund ein halbes Jahrhundert, bis das Selectophone die Welt beschallte, und zwar mit zehn verschiedenen Schallplatten zur Auswahl. Das Selectophone war im Grunde bereits eine Jukebox. Allein jenen Namen mochte die Industrie nicht so recht annehmen, obwohl sich der Volksmund schnell für ihn entschieden hatte; schließlich war das Selectophone oft in sogenannten „juke joints" anzutreffen. So wurde im afroamerikanischen Slang eine zwanglose Bar bezeichnet, in der es nach Ansicht des weißen Amerikas vielleicht ein bisschen zu ausgelassen zuging.

Doch wenn sich der Volksmund erst mal auf einen Begriff geeinigt hat, ist Widerstand zwecklos. Der Name etablierte sich genauso wie die Maschinen. Mitte der 1940er wanderten drei Viertel aller in den USA gepresster Schallplatten direkt in die Jukeboxes. In den späten Sechzigern bekamen die Kisten einen ersten Karriereknick, als das Ausgehvolk seine Groschen lieber in Flipperautomaten steckte. Aber richtig an den Kragen ging es ihnen erst in den 70ern und 80ern. Eines der Konkurrenzprodukte, das die Jukebox vom Mainstream in die Liebhaber*innen-Nische drängte, war die Karaoke-Maschine.

Track 3

Kobe Beat

Bei aller wirtschaftlichen und kulturellen Wichtigkeit Tokios kommen neue Trends und Moden häufig aus der Kansai-Region mit Osaka und Kobe, wo bedeutende internationale Häfen ein für japanische Verhältnisse relativ internationales Bevölkerungsgemisch und ständigen Nachschub neuer Ideen bedingen. Hier eröffnete zum Beispiel einst der erste Supermarkt des Landes, und die ganze Welt verdankt den innovativen Geistern der Region Instantnudeln und automatisierte Ticket-Schranken im öffentlichen Personennahverkehr. Und hier schuf ein gewisser Daisuke Inoue seinen eigenen Karaoke-Vorgänger. Er tat das ein bisschen später als Shigeichi Negishi, doch Nachrichten verbreiteten sich damals noch nicht so rasend schnell wie heute. Als Plagiator wird er daher nicht betrachtet. Karaoke war ein Konzept, das Ende der 1960er und Anfang der 70er unbedingt geboren werden wollte. Sicherheitshalber auch mehrmals.

SIE NANNTEN IHN DR. SING-ALONG

Daisuke Inoue wurde am 10. Mai 1940 in Osaka geboren und wuchs in der Stadt Nishinomiya als Sohn eines fahrenden Pfannkuchen-Händlers auf. Er entdeckte schon früh seine Liebe zur Musik, allerdings wurde diese weder sofort noch anhaltend erwidert. Er versuchte sich in der High School als Schlagzeuger, weil er meinte, dass das nicht allzu schwer sein könnte. „Man muss nur draufhauen", erläuterte er seinen Denkprozess später in einem Interview. Das traf sich gut, denn Noten lesen konnte er nicht.

Er heuerte in einer Band an, die hawaiianische Musik spielte (Hawaii ist einer der großen Sehnsuchtsorte der japanischen Zivilbevölkerung und ein bevorzugtes Reiseziel). Die Band hatte eher trotz als wegen seiner Trommelei Erfolg, insbesondere bei den in der Gegend stationierten US-Soldaten. Seine Bandmitglieder wurden nicht müde, ihn darauf hinzuweisen, dass er nicht der richtige Mann für den Job war. Inoue sah das ein und sattelte auf das Management der Gruppe um. Das machte er sehr anständig; vor allem auch, weil er seinem Vater Geld aus den Rippen leierte. Die Investitionen des Pfannkuchen-Verkäufers zahlten sich aus. Der Erfolg der Band vervielfachte sich, und Inoue verdiente bald mehr als irgendeiner seiner Mitschüler.

Die Band nahm konzeptionell bereits die Richtung seiner weiteren Karriere vorweg. Sie hatte sich bald auf instrumentale Begleitung für gut zahlende Geschäftsleute spezialisiert, die bei Betriebsfeiern ihr Gesangstalent unter Beweis stellen wollten. Solche Feiern und entsprechende Bands sind in Japan nach wie vor üblich und gehen auf eine Einrichtung vom Anfang des 20. Jahrhunderts zurück, als in sogenannten *Utagoe Kissa* (Sing-Cafés) das Publikum zu Live-Musik singen durfte.

Bei diesen Veranstaltungen verschmilzt das Vergnügen mit dem Geschäftlichen: Man kann eingeladene Geschäftspartner*innen mit der eigenen musikalischen Leistung beeindrucken oder sich von der Leistung der Eingeladenen stark beeindruckt zeigen, auf dass es die laufenden Vertragsverhandlungen begünstige. Dieser Aspekt der japanischen Arbeitswelt ist nicht totzukriegen und ein wichtiger Grund, warum Karaoke kein kurzlebiger Trend wurde.

Obwohl Inoue nur mit mäßigem musikalischen Talent gesegnet war, haute er weiterhin gelegentlich auf die Felle oder spielte Keyboard – weiterhin ohne Notenkenntnis, aber nicht ohne ein gewisses Faible für unterhaltsame Selbstdarstellung. In seinen Hemden mit Schmetterlingsmustern und mit seinen übergroßen Manschetten, auf denen sein Name in coolen lateinischen Buchstaben geschrieben stand, hinterließ er einen bleibenden Eindruck.

Oft ging es bei den musikalischen Veranstaltungen hoch her. Einmal landeten er und der Rest der Band sogar im Gefängnis. Ein junger Yakuza-Gangster hatte Ärger gemacht, nachdem er wegen unerwünschter Avancen gegenüber einer Tänzerin aus einem Nachtclub geworfen worden war. Wie genau Inoue in die Handgreiflichkeiten verwickelt war, ist nicht bekannt. Doch einer seiner Mitmusiker schlug dem Gangster wohl ein Go-Brett über den Kopf.

Einer der singenden Geschäftsmänner, die die Gruppe regelmäßig musikalisch unterstützte, war von ihr derart überzeugt, dass er sie auf eine Geschäftsreise mitnehmen wollte. Den Musikern passte das nicht in den Terminkalender. Deshalb fand Inoue einen Kompromiss: Er nahm für seinen Kunden Instrumental-Tracks auf und gab ihm die Tonbänder mit, damit er sich zum Halb-Playback allein auf der Bühne gerieren konnte.

Nach der Auflösung der Band machte Inoue weiter musikalisch Karriere, mal allein, mal in anderen Bands. Das Keyboard blieb dabei sein bevorzugtes Instrument, obwohl er nie lernte, es mit mehr als den Daumen und zwei Fingern zu spielen. Noten wollte er ebenfalls nicht lernen, also eignete er sich durch intensives wiederholtes Zuhören und stures Nachspielen Hunderte von Songs an.

Was ihm an handwerklichem Können fehlte, machte er mit seiner einnehmenden Art und seinem Showtalent wett. Weiterhin ließ er vor allem andere singen, nämlich Gäste aus dem Publikum. Es gab keinen, den oder die er nicht zu einer schnellen Nummer überreden konnte. Man nannte ihn bald „Dr. Sing-along". Sein eigener Mangel an musikalischer Virtuosität war dabei von Vorteil. Er war fest überzeugt: Wer die Lieder fehlerfrei so nachspielte, wie sie geschrieben waren, überforderte die Kneipen-Amateur*innen. Er konnte sich in sie hineinversetzen: Sie waren keine professionellen Sänger*innen, und er konnte für einen professionellen Musiker nur erschreckend unprofessionell spielen. Er kam seinen Kund*innen entgegen und ließ sie die musikalische Leitung übernehmen. Später bekam er für seine Fähigkeit, auch den blutigsten Anfänger passabel klingen zu lassen, den Spitznamen „menschliche Karaoke-Maschine".

Seine Engagements deckten mit Etablissements von feinen Kabarett-Theatern bis zu heruntergekommenen Striptease-

Schuppen die gesamte Bandbreite der außerhäuslichen Abendunterhaltung ab. Er bekam so viele, dass er kaum alle wahrnehmen konnte. Also musste eine andere Lösung her.

8 JUKE SPIELT AUF

Inoue baute einen elektronischen Klon. Oder besser: Er ließ einen elektronischen Klon bauen, denn die Techniktüftelei gehörte ebenfalls nicht zu seinen Naturtalenten. Er wandte sich an einen Freund, der eine Werkstatt für beschädigte Musikinstrumente unterhielt. Ihn ließ er ein Autoradio mit einem 8-Spur-Tonbandgerät zu einer Mitsing-Anlage umbauen, die technisch eine verblüffende Ähnlichkeit mit der ihm unbekannten Sparko Box hatte, nur dass sie auf die Lichtshow verzichtete, die das Konkurrenzprodukt als Love-Hotel-Einrichtung so beliebt gemacht hatte. Dafür hatte seine Erfindung, beziehungsweise die Kreation seines handwerklich geschickten Freundes, ausgefeiltere Funktionen zur Klangmischung und elektronischen Gesangsverschönerung. Schließlich wusste Inoue, aus eigener Erfahrung: Die meisten Menschen können nicht singen.

Immerhin den Namen des Gerätes dachte er sich ganz allein aus. Die 8 Juke war ein quadratischer Kasten mit Münzeinwurf und einem Mikrofon, der sich perfekt auf einem Kneipentresen aufstellen ließ. Mit genügend Kleingeld spielte sie die Instrumentalversion des ausgewählten Liedes, und man konnte über das Mikrofon mitsingen, auf Wunsch sogar mit

Echo-Effekt. Die Mischung zwischen Musik und Live-Stimme ließ sich ebenfalls regeln.

Die 8 Juke war fertig, da gab es nur noch eins: Warten. Bloß nichts überstürzen. Weil Inoue um den grassierenden Talentmangel unter begeisterten, angetrunkenen Feierabend-Sänger*innen wusste, war ihm klar, dass er diese Klientel nicht mit professionellen Instrumental-Tracks glücklich machen konnte. Die Diskrepanz zwischen Musik und Stimme wäre einfach zu deutlich gewesen. Also nahm er sich ein Jahr Zeit, um selbst Tonbänder mit einfacheren Versionen beliebter Melodien einzuspielen. Vor allem verlangsamte er das Tempo, was auch seinen eigenen musikalischen Ausdrucksmöglichkeiten entgegenkam, und senkte die Tonlagen.

Ein ganzes Jahr scheint ein bisschen lang, doch der 8-Juke-Erfinder und seine Mitmusiker arbeiteten unter erschwerten Bedingungen. Ein professionelles Studio stand ihnen nicht zur Verfügung. Dafür spielten sie regelmäßig in einer Hochzeitskapelle, in der sie ihre Instrumentalnummern aufnehmen konnten, wenn gerade niemand heiratete. Das war allerdings nur an ausgewiesenen Unglückstagen der Fall. Der traditionelle japanische Kalender sieht Monate von dreißig Tagen in fünf Wochen mit je sechs Tagen vor. Einer dieser Wochentage ist *Butsumetsu*, der Todestag Buddhas. Während die meisten anderen Tage der Woche eine vertretbare Mischung aus Pech und Glück versprechen, erhebt man sich am *Butsumetsu* am besten gar nicht erst vom Futon. An diesen Tagen blieb also die Hochzeitskapelle leer. (Der auf *Butsumetsu* folgende *Taian*, wörtlich „großer Frieden", bietet zum Ausgleich ganztags nichts als Glück.)

Doch die Aufnahmen waren nicht das Einzige, was vor einer durchdachten Markteinführung Zeit fraß. Mit einer einzigen 8 Juke war kein Staat zu machen. Er ließ neun weitere Maschinen produzieren, die er im Januar 1971 mit einem Katalog Hunderter Songs auf die Öffentlichkeit losließ. Er konnte zehn Kneipen überreden, jeweils einen der Kästen auf den Tresen zu stellen. Bei diesen Etablissements handelte es sich um sogenannte Snack-Bars, eine typisch japanische Einrichtung, die bekannt ist für flirtfreudigen Service und somit eine besonders gelöste Stimmung. Und besonders gelöste Geldbeutel. Ein einziges Lied aus der 8 Juke kostete 100 Yen. (Die Sparko Box bot für denselben Preis mehrere Songs.) Doch der Rubel rollte nicht sofort. Zunächst klang aus den Bars nicht mehr Gesang als zuvor. Die Kund*innen ignorierten die 8 Juke. Sie hatten keine Ahnung, was sie darstellen sollte.

Da wusste Inoue wiederum Abhilfe zu schaffen. Er konnte nicht an jedem Ort gleichzeitig sein, um sein Geschenk an die Menschheit zu demonstrieren. Aber er wusste, dass es jemanden gab, dem angetrunkene Kneipengänger noch lieber zuhören als einem extravertierten Entertainer in ulkigen Hemden mit großen Manschetten: junge, attraktive Frauen in zeigefreudigen Outfits. Also ließ er seine Beziehungen im Nachtleben spielen und engagierte Barhostessen, um selbst an den Geräten zu singen und dann die aufmerksam gewordenen Männer zu animieren, mit ihnen ein Duett zum Besten zu geben und schließlich auch ohne ihre Hilfe die Geldeinwürfe zu füttern.

Selbstverständlich funktionierte das. Zwei Monate später kamen Inoue und sein Freund aus der Musikalienwerkstatt mit der Produktion weiterer Geräte nicht mehr hinterher. Inoue nahm Kontakt zu einer Fabrik im fünfhundert Kilometer entfernten Yokohama auf (nicht weit von Shigeichi Negishis Operationsbasis), deren Betreiber sich bereiterklärten, die Produktion zu übernehmen. Er mietete einen Lastwagen, um die Boxen selbst abzuholen und nach Kobe zu bringen, wo er inzwischen seine Operationsbasis hatte.

Daisuke Inoue gab trotz des Erfolges seinen Brotjob nicht auf. Er trat weiterhin abends als Musiker beziehungsweise leidlich musikalischer Unterhaltungskünstler auf, war aber gleichzeitig dafür verantwortlich, dass die 8 Jukes reibungslos funktionierten. Wenn immer ihm jemand auf der Bühne die Nachricht überbrachte, dass eine mal wieder den Dienst verweigert hatte, täuschte er Blasenschwäche vor und raste in die Bar, in der die Problemmaschine aufgestellt war.

Der häufigste Grund für die Musikverweigerung der Apparate war der simple Umstand, dass zu viel Geld in ihnen war. Ein Luxusproblem. Inoue teilte sich die Einnahmen aus den 8 Jukes mit den Barbetreiber*innen. Die Erfindung machte einen immer größeren Anteil seines Gesamtgehalts aus. Da war es nicht verwunderlich, dass sein Schwager eines Tages vorschlug, die Erfindung patentieren zu lassen.

Inoue winkte ab. Er hatte zu viel zu tun. Er hatte gerade eine neue Künstlervermittlung gegründet, konnte vom Bühnenleben nicht lassen und war obendrein damit beschäftigt, die Produktion weiterer 8 Jukes zu gewährleisten. Insgesamt sollten es ungefähr 10.000 werden. Außerdem fühlte es sich nicht richtig an, gab er später zu Protokoll, etwas patentieren zu lassen, das er als eine Gruppenarbeit ansah. Er hatte zwar die Idee gehabt, aber andere hätten sie umgesetzt. Darüber hinaus befürchtete er bürokratische Komplikationen: Schließlich bestand die 8 Juke aus Einzelkomponenten, auf die es bereits Patente gab. Außerdem hatte er mit seiner unpatentierten Erfindung bald so viel Erfolg, dass der ihn einzuholen drohte.

KARAOKE GO HOME!

Nicht alle liebten die 8-Juke-Box. Eines heißen Sommertages im Jahr 1971 kochten die Emotionen über. Eine Vereinigung lokaler Musiker*innen in Kobe berief eine Notfallsitzung ein. Sie fand dort statt, wo viele von ihnen ihren Lebensunterhalt verdienten, im Stadtviertel Sannomiya. Nach einem Schrein benannt, ist es mittlerweile vor allem für seine guten Bahnverkehrsverbindungen, ausgedehnten Einkaufsmöglichkeiten über und unter der Erde sowie für jede Menge große und vor allem klitzekleine Bars auf engstem Raum bekannt. Um die 4.000 sollen letztere zählen. Nicht wenige von ihnen setzten zu Inoues Zeit noch auf Live-Musik, um die Trinker*innen bei Laune zu halten. Vor allem die sogenannten *Hiki-gatari* (in etwa: spielen und erzählen) hatten hier ihr Auskommen. Die Solo-Musiker*innen sangen zum Spiel ihrer Instrumente nicht nur selbst, sondern animierten auch Freiwillige aus dem Publikum zum Mitsingen. Sie passten selbst in beengte

Etablissements, in denen ganze Bands keinen Platz hatten, und erfüllten dort den Zweck, den nun die neue Höllenmaschine von Daisuke Inoue erfüllen sollte. Die 8 Juke nahm Arbeitsplätze weg, so die Beschwerde einiger in der Live-Musik-Branche. Die technologische Rationalisierung in Kunst und Unterhaltung hatte begonnen, ein gutes halbes Jahrhundert, bevor die KI kommen sollte. Die *Hiki-gatari* waren es, die die Vereinssitzung in Kobe einberufen hatten.

Hiki-gatari waren damals ein junges Phänomen, hatten aber Wurzeln, die weit in jene Zeiten zurückreichen, als Unterhaltung noch keine Industrie war. Sie sahen sich in der Tradition mittelalterlicher Barden und Minnesänger. Manche spielten altertümliche japanische Instrumente wie die Shamisen, andere hauten in die Pianotasten oder bedienten sich der Gitarre. Mitte der 1960er hatten sie ihren großen Boom im Zuge der weltweiten Folk-Welle, die auch an Japan nicht vorbeischwappte. Und nun sollte sie schon wieder von Maschinen wegrationalisiert werden? Gerade die *Hiki-gatari* in Kobe sahen sich durch das maschinell unterstützte Solosingen bedroht. Im Unterschied zu den Kolleg*innen in anderen Teilen des Landes, die oft als *Nagashi* beziehungsweise Herumtreiber bezeichnet wurden (und die Shigeichi Negishi Sorgen machten), hatten sie oft sowohl feste Engagements als auch professionell organisierte Karrieren.

Auch untereinander waren sie bestens organisiert. An jenem Abend, an dem sie ihre Krisensitzung einberufen hatten, war Inoue zugegen. Warum sollte er auch nicht? Er war als Live-Musiker und Alleinunterhalter schließlich einer von ihnen. Selbst wenn das viele nun nicht mehr so sehen mochten.

Der Konsens war: Jede Münze, die in eine 8 Juke gesteckt wurde, war eine Münze, die ihnen direkt aus der Geldbörse geraubt wurde.

„Versuchst du etwa, uns zu ruinieren, du Schweinehund?", schrie einer der Betroffenen.

Vom Nachtleben abgehärtet, hatte Inoue Erfahrung im Umgang mit schwierigen Gesellen. Und er war stets hellwach. Er trank keinen Alkohol und hatte auch mit anderen Drogen nichts am Hut. Wer sich schon vor Stripclubs mit Yakuza geprügelt hatte, brauchte vor ein paar Unterhaltungskünstlern keine Angst zu haben. Selbstbewusst rief er: „Wir sind Musiker! Wir können unser Spiel an jeden Kundenwunsch anpassen. Glaubt ihr wirklich, eine Maschine, die jedes Musikstück immer auf die gleiche Weise spielt, wäre eine ernsthafte Bedrohung für uns?"

Die vorher so lebhafte Gesellschaft verfiel in ein langes Schweigen. Dann sagte jemand: „Genau. Vergessen wir die Maschine."

Inoue hatte an den Stolz der Musiker*innen appelliert und gewonnen. Die Sache war vom Tisch. Dennoch gab Daisuke Inoue die Vermarktung der 8 Juke nach einigen Jahren auf. Gegen die Karaoke-Produkte der großen Marken, die noch in den 70ern auf den Markt gebracht wurden, kam er nicht an. Dem Metier allerdings blieb er treu – er war in den 80ern recht erfolgreich in der Lizenzierung von Musik für 8-Spur-Karaoke-Maschinen. Als die technische Weiterentwicklung zu LaserDisc-Systemen und Datenbanken ihn aus diesem Geschäft zu drängen drohte, heuerte er bei einem großen Hersteller von Karaoke-Equipment an. Dort verdiente er mehr

Geld als jemals zuvor und fing sich sofort eine „luxusbedingte Depression" ein, wie er es nannte. Später entwickelte er ein ökologisch abbaubares Anti-Insekten-Spray für Karaoke-Maschinen. Es stellte sich nämlich bald heraus, dass sich darin insbesondere Kakerlaken gerne ihre Nester bauen. Erst 1996 wurden Inoues Verdienste um Karaoke publik gemacht, als ein monothematischer Karaoke-Fernsehsender in Singapur ihn als den Erfinder des Konzepts identifizierte und er fortan als solcher weltweit bekannt wurde, ob der Alleinanspruch nun berechtigt war oder nicht.

JETZT SINGT ER AUCH NOCH

Inoue kann für sich beanspruchen, einer der Erfinder von Karaoke zu sein. Einer der überzeugtesten Nutzer seiner Erfindung ist er jedoch nicht. Nach eigenen Aussagen versuchte er sich zum ersten Mal an seinem 59. Geburtstag selbst an einer Karaoke-Maschine, das war im Jahr 1999, fast dreißig Jahre nach seinen ersten Experimenten mit den Urformen des Phänomens.

Fünf Jahre später sang er noch einmal. Ob das nun sein zweites Mal war oder ob er zwischendurch, wie Millionen andere, Gefallen an seiner Erfindung gefunden hatte und sich daran regelmäßig versuchte, ist nicht überliefert. 2004 sang er jedenfalls vor erlesenem Publikum, nämlich an der Universität von Harvard. Dort wurde ihm der Ig-Nobelpreis verliehen, eine satirische Auszeichnung für abstruse oder besonders triviale Erfindungen. Der Name spielt selbstverständlich auf den Nobelpreis an und kommt vom englischen Wort *ignoble* (unedel). Inoue erhielt den Preis als der vorgebliche Erfinder von Karaoke (die Forschung war damals noch nicht so weit, alle Koryphäen und Pioniere hinreichend erkannt und dokumentiert zu haben). In der Begründung der Jury heißt es, er habe uns eine neue Art gezeigt, wie wir lernen können, einander zu tolerieren. Das Lied, das er zur Preisverleihung sang, war „I'd Like to Teach the World to Sing (In Perfect Harmony)", ein Popsong aus den frühen 1970ern, der seinen Ursprung als Werbejingle für Coca-Cola hatte. Die Leistung wurde mehr als nur toleriert: Inoue bekam die längste stehende Ovation in der Geschichte der Preisverleihung. Das Publikum revanchierte sich im Chor mit „Can't Take My Eyes Off You", was in der Interpretation des Four-Seasons-Frontmanns Frankie Valli 1967 ein Hit war.

1999, das Jahr, in dem er zum ersten Mal selbst zum Karaoke-Mikrofon gegriffen hatte, war auch das Jahr, in dem ihn das Magazin *Time* zu einem der hundert wichtigsten Asiaten des ausgehenden Jahrhunderts krönte. Die Laudatio schrieb der unter Japan-Kenner*innen nicht ganz unumstrittene Pico Iyer. So wie Mahatma Gandhi und Mao Zedong die Tage Asiens verändert haben, schreibt Iyer, so habe Inoue die asiatischen Nächte transformiert. Im Gespräch mit dem Laudator zeigte Inoue Verständnis dafür, dass er mit seiner Erfindung kaum Geld verdient hatte: „Immer wenn ich etwas erfinde, bin ich wirklich schlecht darin. Ich bin gut darin, andere zu fördern und ihnen etwas beizubringen, aber meine Schüler haben die Angewohnheit, mich zu übertrumpfen und letztendlich mehr zu verdienen als ich." Immerhin wurde sein Leben sogar verfilmt. Aber auch damit hatte er nicht viel Glück.

Der Titel des Biopics von 2005 lautet schlicht: *Karaoke*. Der Film machte keine großen Wellen, doch Inoue freute sich: „Wenigstens haben sie einen großen Typen genommen, um mich zu spielen." Der Schauspieler Manabu Oshio war in der Tat ein großer, klassisch gut aussehender junger Mann. Den echten, eher kleinen Daisuke Inoue könnte man sich akkurater als einen asiatischen Steve Buscemi vorstellen. Langfristig hat die Besetzung dem Film leider nicht geholfen. Wie viele japanische Jungtalente war Oshio zu jener Zeit zweigleisig als Popstar und Schauspieler bekannt, stolperte wenige Jahre später aber über einen Drogenskandal, zu dem auch eine Leiche in seiner Wohnung gehörte. Japanische Pop- und Schauspielkarrieren erholen sich von so etwas nicht. Aus einem späteren Film wurde Oshio herausgeschnitten, und die Verbreitung seiner älteren, inklusive *Karaoke*, nahm mit seinem Karriere-Aus ebenfalls stark ab. Doch dass es diesen Film überhaupt gegeben hat, ist erstaunlich genug. Die meisten anderen Karaoke-Wegbereiter agierten fernab von Rampenlicht und großer Leinwand.

DER REST DES ORIGINALEN GESANGSVEREINS

Shigeichi Negishi ist sicherlich der erste Name, der zu nennen ist, wenn über die Erfindung von Karaoke gesprochen wird, Inoue folgt ihm dicht auf den Fersen. Nichtsdestotrotz ist die Weiterentwicklung, Verbreitung und Langlebigkeit des Konzepts vielen anderen zu verdanken. Der Autor Matt Alt schreibt in *Pure Invention*, dass Karaoke zwischen 1967 und 1972 mindestens fünfmal an unterschiedlichen Orten in Japan erfunden wurde. Der Journalist und Akademiker Yoichiro Maekawa identifiziert gleich zwölf Innovatoren, die zwischen 1965 und 1975 die Weichen für Karaoke, wie wir es heute kennen, stellten. Einige von ihnen steuerten allerdings eher Teilkonzepte als ganzheitliche Hardware-Lösungen bei.

Dass die Erfinder der Karaoke-Prototypen voneinander abgeschaut hatten, ist unwahrscheinlich. Es handelte sich jeweils um regional stark begrenzte Phänomene, und die Welt war durchaus noch nicht so vernetzt, dass es jemand in Osaka sofort erfuhr, wenn in einer Kneipe in Tokio eine neuartige Musikbox stand.

Der Mann, der in Osaka seine Box aufstellte, hieß Toshiharu Yamashita. Er tat dies allerdings nicht in düsteren Kaschemmen. Yamashita arbeitete als Gesangslehrer und wollte möglichst viele Amateur*innen zu mehr Gesang anstacheln. Deshalb entwarf auch er 8-Spur-Tonbandgeräte mit Mikrofon und Mischfunktion, die er zu Übungszwecken für den Heimgebrauch verkaufte. Er nannte seine Erfindung „Harp" (Englisch für Harfe). Mit Harp hatte er nicht nur das Prinzip Karaoke als Home-Entertainment erfunden, wie es heute aus vielen Eigenheimen nicht mehr wegzudenken ist. Darüber hinaus bot er Kassetten mit Instrumentalnummern dazu an. Yamashita mag also zusätzlich zu seinen Verdiensten als Hardware-Tüftler ebenso als Pionier der Karaoke-Software-Distribution gelten, lange bevor irgendein Mensch außerhalb der

Computer-Industrie etwas mit dem Begriff Software anfangen konnte.

Kura Tobiya war ebenfalls einer der ersten, die Kassetten mit Karaoke-Tracks an Endverbraucher*innen verkauften. Ihm wird auch die erste Massenproduktion solcher Artikel zugeschrieben.

Zu den weiteren Wegbereitern, die Maekawa für erwähnenswert hält, gehört der Erfinder Iwao Hamasaki, der eine Box namens Mini-Juke baute. Mit ihr konnten Amateur*innen zu Aufnahmen professioneller Sänger*innen im Duett singen. Wie alle anderen Karaoke-Pioniere ließ er seine Kreation nicht patentieren. Diesen Fehler machte er aber nicht zweimal; heute sind unter seinem Namen etliche Erfindungen aus dem technischen Bereich registriert.

Hiroshi Bekku erfand eine Musikanlage, die sich in Bussen installieren ließ, und nahm somit das mobile Karaoke vorweg. Seit Erfindung der Autofahrt haben Menschen sich die Zeit mit gemeinsamem Singen verkürzt, da war der Karaoke-Bus ein naheliegendes Konzept. Noch heute fährt er, allerdings vor allem in Europa, den USA und in den beliebtesten Urlaubsländern von Europäer*innen und Amerikaner*innen. In Japan und vielen anderen asiatischen Ländern wird lieber stationär und im kleineren Kreis gesungen.

Kisaburo Takagi entwickelte ein System, das dem von Negishi glich und ab 1972 vor allem in Snack-Bars in Kobe aufgestellt wurde, wo Daisuke Inoue zur gleichen Zeit Ähnliches praktizierte, mit größerem Erfolg (das mag Inoues Hang zur Selbstdarstellung geschuldet sein). Interessanterweise bezeichnete Takagi seinen Kasten bereits als „Karaoke

Juke" (nicht, dass er daran gedacht hätte, diesen Markennamen eintragen zu lassen). Einigen Quellen zufolge war Takagi schon in den 1960ern mit einem Prototyp unterwegs, doch das lässt sich schwer verifizieren. Er wurde zu seiner Erfindung inspiriert, als er in Kneipen immer wieder beobachtete, wie Kunden zu ihren Jukebox-Entscheidungen mitsangen. Sowohl Takagi wie auch (häufiger) Inoue werden mitunter als alleinige Erfinder von Karaoke geführt, was allein auf Shigeichi Negishis Bescheidenheit und langes Schweigen zurückzuführen sein muss.

Yuzo Natsuaki ist ein weiterer Name, der eng mit der Weiterentwicklung von Karaoke verbunden ist. Er schuf ein System, mit dem mehrere Songs auf einem Tonband schnell und einfach in neue Reihenfolgen gebracht werden konnten.

Und sogar einige Musiker trugen ihr Scherflein bei. Minoru Endo, einer der bedeutendsten japanischen Unterhaltungskomponisten der Nachkriegszeit, veröffentlichte als Erster Karaoke-Versionen seiner Stücke parallel zu den regulären Versionen. Darauf setzte früh auch Mitsunori Ozaki mit seinem Plattenlabel Teichiku Records. Das existiert noch heute – als Tochterfirma eines Herstellers von Karaoke-Geräten. Gut möglich, dass jener einer von vielen ist, die in den 1990ern unerfreuliche Post von den Philippinen erhielten.

Track 4

Der patente Herr Rosario

Weder Shigeichi Negishi noch Daisuke Inoue oder einer der anderen Karaoke-Pioniere aus Japan hatten es für nötig erachtet, ihre Erfindungen patentieren zu lassen. Ihr Erfolg blieb dennoch nicht unbemerkt. Auch bei den großen Unterhaltungselektronikkonzernen. Diese brauchten nicht lange, um zu erkennen, dass sie keinerlei Gesetze brechen müssten, wenn sie die Sparko Box oder 8 Juke kopierten und Konkurrenzprodukte auf den Markt brächten – nicht nur für eine Handvoll zwielichtiger Großstadtspelunken, sondern flächendeckend für das ganze Land.

1972 war die Japan Victor Company, international bekannt unter ihrem Kürzel JVC, das erste Unternehmen, das eine massenproduzierte Mitsing-Box veröffentlichte. Sie hörte auf den wenig sinnlichen Namen BW-1. Sehr viel ist über die BW-1 nicht mehr herauszufinden, doch steht fest, dass sie nicht lange allein blieb. Toshiba und Pioneer schmissen ihre eigenen Kästen schnell hinterher. Das ging so lange gut, bis zwei Jahrzehnte später gerichtliche Schreiben aus den Philippinen bei den japanischen Unternehmen eingingen.

SING ALONG, ONE MORE TIME

Viel Belegbares ist über den Mann nicht überliefert, der wahrscheinlich am 7. Juni 1919 als Roberto Legaspi del Rosario in der Stadt Pasay an der Manilabucht geboren wurde. Beim Nacherzählen seines eigenen Lebens nahm er es mit der Wahrheit nicht immer ganz genau. Das beginnt schon bei seinem Geburtsdatum: Der wohl nicht uneitle Sohn von Teofilo del Rosario und Consolacion Legaspi mochte sich Zeit seines Lebens nie auf ein genaues festlegen. In unterschiedlichen Quellen gibt es Diskrepanzen von bis zu fünfzehn Jahren zugunsten seiner Jugendlichkeit. Auch bei der genauen Datierung von anderen biografischen Meilensteinen sind sich Rosario, seine Hinterbliebenen und andere Chronist*innen nicht immer ganz einig. Was folgt, wird im Wesentlichen so geschehen sein. Möglicherweise hier und da ein paar Jahre früher oder später als angegeben.

Frühe Lebensstationen ähneln denen von Daisuke Inoue. Rosario begeisterte sich von klein auf für Musik und war mit sieben Jahren ein talentierter, autodidaktischer Pianist (im Talent unterschieden sich der Japaner und der Philippino vielleicht doch). Er arbeitete in der Klavierschule seines Onkels, wo er Leitfäden und Geräte zum Stimmen von Klavieren entwickelte. Er brachte sich das Spielen weiterer Instrumente wie Schlagzeug, Xylophon und Marimba bei, und als Erwachsener machte er Karriere als Musiker. Ab 1957 spielte er immer wieder mit dem späteren philippinischen Außenminister Raúl Sevilla Manglapus und Francisco „Bobby" Tronqued Mañosa, einem der einflussreichsten philippinischen

Architekten des 20. Jahrhunderts, in der weltweit aktiven Jazz-Formation The Executive Combo Band. Sie traten vor allem bei Benefiz-Veranstaltungen und diplomatischen Anlässen auf. Unter anderem wollen die Mitglieder mit Duke Ellington (Klavier), Thailands König Bhumibol (Klarinette), dem malaysischen Premierminister Mahathir bin Mohamad (Gesang) und Bill Clinton (Saxofon) gejammt haben, oft vor illustrem Publikum, zu dem auch schon mal Johannes Paul II. und Frank Sinatra gehörten.

Während seiner musikalischen Weltreisen fand er noch die Zeit, seine Frau Eloisa Vistan zu heiraten und mit ihr fünf Kinder zu zeugen. Anfang der 1970er, Rosario selbst war vermutlich in seinen Fünfzigern, gründete er in der Stadt Taytay die Firma Trebel. Der Name setzt sich aus dem „El" des Namens seiner Frau und einem umgekehrten „Bert" von Roberto zusammen. Unter diesem Firmennamen stellte er Cembalos her und erfand ein Piano mit einem eingebauten Synthesizer, einer Drum Machine und Basspedalen. Er nannte es OMB, One-Man-Band. Unter diesem Namen tingelte er auch durch das philippinische Nachtleben. Neben der OMB spielte er dabei Saiten- und Blasinstrumente. Zu seinem Programm gehörten Cha-Cha-Cha-, Boogie-, Disco-, Swing- und Tango-Nummern sowie alles, wonach seinem Publikum gerade der Sinn stand.

1975, einige Jahre nach japanischen Zeitgenossen wie Daisuke Inoue und Shigeichi Negishi, erfand Rosario eine Maschine, die den Karaoke-Vorläufer-Geräten aus Japan sehr ähnlich war. Er taufte sein Modell auf den Namen „Minus One" und nannte das Prinzip, das dahintersteckte, ein „Sing-

Along-System". Die Bezeichnung Minus One war inspiriert von der amerikanischen Firma Music Minus One, die in den 1950ern Tonbänder von Aufnahmen klassischer Musikstücke herstellte, auf denen jeweils eine Tonspur fehlte. Diese Bänder sollten professionellen Musiker*innen beim Proben helfen.

So weit, so Déjà-vu. Doch in den 1980ern tat Rosario etwas, was Inoue, Negishi und all die anderen vergessen, übersehen oder einfach bewusst nicht getan hatten: Er ging zum Patentamt. So galt er fortan als der rechtmäßige Erfinder des Sing-Along-Systems. Wer etwas allzu Ähnliches für den öffentlichen Raum oder private Haushalte bauen und bereitstellen wollte, kam nicht um ihn herum. Theoretisch zumindest.

In der Praxis sah das anders aus. Lange Zeit merkte schlicht niemand, dass Rosario das Patent hatte. Und er kam nur langsam dahinter, dass andere Firmen ähnliche Produkte anboten. Da er bei der Beschaffung von Ersatzteilen für sein Minus One oft auf japanische Angebote angewiesen war, bemerkte er irgendwann, was die Japaner*innen da unter dem Stichwort „Karaoke" feilboten. Doch er blieb zunächst gelassen und gab sich gönnerhaft: Nachahmung sei halt der Preis des Erfolges. Und ein kleiner philippinischer Selfmademan konnte es bestimmt nicht mit den japanischen Mega-Konzernen aufnehmen.

1993 wurde es ihm dann doch zu bunt. Er verklagte die chinesische Firma Janito auf den Philippinen, weil sie behauptete, ihre Karaoke-Anlage Miyata selbst erfunden zu haben. Das Gericht gab Del Rosario recht, dass Miyata eine exakte Kopie von Minus One wäre.

Beflügelt von diesem Erfolg, machte er nun ebenfalls Jagd auf die japanischen Firmen. Und er hatte wieder Erfolg. Ein Gericht bestätigte, dass er die Patentrechte an dem Mitsing-System besitze, das landläufig als „Karaoke" bekannt sei. Diese Rechte umfassten ein Gerät, das im Wesentlichen mit der Sparko Box und der 8 Juke vergleichbar war. Es hatte ein Tonbandgerät, Verstärker, Mikrofon, Misch- und Effektfunktionen, optional war es auch mit Radio und zweitem Tonbandgerät erhältlich.

Für die Vergabe von Patenten ist die genaue Auflistung der Bestandteile einer Erfindung notwendig. Darin liegt allerdings auch der Grund, warum er nicht bis zu seinem Lebensende, das ihn am 30. Juli 2003 in Manila ereilte (seine Frau war bereits mit 45 Jahren 1979 an Herzversagen verstorben), jeden Cent oder Yen, der weltweit mit Karaoke eingespielt wurde, direkt überwiesen bekam. Das Patentspiel konnten andere Firmen schon lange spielen. Je stärker sich Karaoke von der Technik seiner Prototypen entfernte – mit neuen Speicher- und Abspielmedien, neuen Funktionen und Eigenschaften wie der Einbindung von Video und Untertiteln –, desto weniger hatte das mit Rosarios Patent zu tun. Und die Patente für diese neuen Gerätetypen sicherten sich die verantwortlichen Firmen ganz schnell selbst.

Obwohl die posthume Legendenbildung oft darauf hinausläuft, ist es also stark übertrieben, Roberto Legaspi del Rosario („Bert" für seine Freunde) als den alleinigen Patentinhaber für alles, was mit Karaoke zu tun hat, zu bezeichnen. Er hatte lediglich die alleinigen (und für ein paar Jahre sehr lukrativen) Rechte an einer frühen Form von Karaoke und wurde schließlich, wie Negishi und Inoue, von der Zeit überholt.

Ebenso wenig ist es angemessen, Rosario seine Geschäftstüchtigkeit krummzunehmen. Obgleich Minus One etwas später als die Sparko Box und die 8 Juke auf den Markt kam, ist es unwahrscheinlich, dass er von den recht regionalen japanischen Phänomenen wusste. Vieles spricht dafür, dass er aufrichtig überrascht war, als er von den vermeintlichen Plagiaten seiner Musikbox aus China und Japan erfuhr. Auf den Philippinen lagen Musik und der unbedingte Wille zum Mitsingen ebenso in der Luft wie anderswo. Dort ist Karaoke mittlerweile seit Jahrzehnten so beliebt, dass viele tatsächlich glauben, es müsse sich um eine philippinische Erfindung handeln. Nicht wegen Rosario, sondern weil Karaoke in dem Inselstaat so allgegenwärtig ist, dass alles andere unvorstellbar scheint. Doch während das Prinzip eindeutig aus Japan kommt, stammt die Technik, die es ermöglichte, zum größten Teil aus anderen Teilen der Welt.

Track 5

Beyond DiscoVision

Wer von Karaoke spricht, kommt schwerlich umhin, auch von Technik zu sprechen. Singen kann jede und jeder (ob gut oder weniger gut), der oder die über eine Stimme verfügt. Doch erst die richtigen technischen Begleiterscheinungen machen daraus Karaoke.

Lange bevor einer der vielen gleichzeitig und unabhängig voneinander arbeitenden japanischen Karaoke-Erfinder seine Mitsing-Box auf Kneipentresen stellte, wurden anderswo in der Welt, vor allem in den USA, die technischen Weichen dafür gestellt. Diese technologischen Entwicklungen sind nicht losgelöst von der emotionalen und kulturellen Historie des Freizeitvergnügens. Nostalgiker*innen halten nicht nur an den Liedern der Vergangenheit fest, sondern ebenso an der Technik, mit der sie abgespielt wurden. Durch Karaoke behalten wir nicht nur die Lieder in Erinnerung, sondern werden darüber hinaus mit Technologien konfrontiert, die außerhalb der Partysingerei kaum noch Verwendung finden. Sicherlich ist nicht jede Art von Medium, auf der jemals ein Karaoke-Track abgespeichert war, weiterhin in Verwendung. Doch selbst das moderne Karaoke nutzt noch Technologien, die in anderen Bereichen obsolet oder vom Aussterben bedroht sind. Die Geschichte von Karaoke ist auch eine Geschichte der Unterhaltungselektronik und vor allem eine der Speichermedien.

8-TRACK MACHT MOBIL

Eine der wichtigsten Erfindungen auf diesem Gebiet war die 8-Spur-Tonband-Kassette, die 1965 auf den amerikanischen Markt kam (wo sie auch weitestgehend blieb). Gegenüber üblichen Tonbändern hatte sie den Vorteil, dass sie aus einer einzigen Spule anstatt aus zweien bestand. Dadurch war sie wesentlich kompakter und konnte in wesentlich kompakteren Abspiel- und Aufnahmegeräten verwendet werden. Im Automobil genau den Song hören, den man hören möchte? Das war mit 8-Track keine Zukunftsmusik mehr! Im autoverrückten Amerika wurde die Erfindung von William P. Lear, der ebenso den nach ihm benannten Jet erfand, vor allem in Kfz-Musikanlagen populär.

Da die 8-Spur-Kassette lediglich über eine einzige Spule lief, lief sie endlos, wenn man ihr nicht per Stopp-Knopf Einhalt gebot. Das war immerhin möglich, obwohl noch nicht der ganze Bedienungsluxus späterer Audiokassetten gegeben war. Man konnte zum Beispiel nicht zurück- und vergleichsweise langsam vorspulen. Die Möglichkeit, selbst etwas auf die Bänder aufzunehmen, gab es. Allerdings waren Aufnahmegeräte rar. 8-Track setzte sich vor allem als Konsummedium durch. Auf den acht Spuren einer Kassette hatte ungefähr eine Langspielplatte Platz. Dabei wurden alle Spuren genutzt und hintereinander abgespielt. Stereoaufnahmen erforderten das Abspielen von zwei Spuren auf einmal.

Der Vorteil von 8-Track gegenüber der Schallplatte und anderen Tonbandformaten war, da muss man ehrlich sein, einzig und allein seine Kompaktheit. Wer die Menschen jedoch kennt, wird sich nicht wundern, dass es nach wie vor einige gibt, die 8-Spur-Kassetten innig lieben, sie hegen, pflegen, auf Sammler*innenbörsen tauschen und zu horrenden Preisen seltene Exemplare im Internet ersteigern. Möglicherweise wird sogar der eine oder die andere schwören, dass es kein schöneres Klangerlebnis gäbe. Das aber stimmt zumindest dann nicht, wenn man es ernst meint. Zusätzlich zu den genannten Limitierungen in der Bedienung hatte das Format qualitative Mängel. Die Bänder verschlissen schneller als andere, und bisweilen wurden die Spuren ungenau gelesen, wodurch Songs auf unterschiedlichen Spuren sich zu einem Soundbrei vermischen konnten.

Vielleicht waren das die Gründe, dass die Technologie sich außerhalb amerikanischer Autoradios kaum durchsetzte. Anderswo wurde halt deutlich weniger Auto gefahren. Gleichwohl kam die Technik auch in Großbritannien, Kanada, Neuseeland, Australien, Mexiko, Spanien, Frankreich, Deutschland, Italien und Japan zum Einsatz, allerdings oft in weniger kommerzieller Ausprägung. Sie vermischte sich weniger sentimental mit der Landesgeschichte, als sie es in den USA tat, wo die portablen 8-Track-Geräte unter anderem den Soundtrack zum Vietnamkrieg lieferten. Die leichten Player konnte man auch im Dschungel dabeihaben und sich mit der Beatmusik von zu Hause trösten lassen. In Japan wurde die Technologie vor allem für zweierlei genutzt: zum Aufzeichnen und Abspielen von Busdurchsagen und für die ersten Karaoke-Maschinen. Shigeichi Negishi verbaute in seiner Sparko Box ein Gerät, das für die Verwendung in Autos gedacht war. Daisuke Inoue setzte ebenfalls auf 8-Spur-Kassetten für sein unbeabsichtigtes Konkurrenzprodukt. Hiroshi Bekku nahm sich ein Beispiel an der Verwendung von 8-Spur-Geräten in Bussen und dachte sich: Warum nur für dröge Ansagen? So erfand er das Gerät, mit dem die Reisenden in Ausflugsbussen zum Mitsingen animiert werden konnten.

Das Ende kam durch eine Technologie, die sich parallel entwickelt hatte und die gesamte Welt stärker prägen sollte als der 8-Spur-Ansatz. Es handelte sich um Konkurrenz aus Holland: die Kompaktkassette (auch Stereotonband-Kassette) aus dem Hause Philips. Die war nicht nur noch kompakter als die 8-Spur-Kassette, sondern fasste darüber hinaus doppelt so viel Musik (später sogar noch mehr), da das Band langsamer lief. Es ließ sich außerdem besser navigieren (endlich wurde das Zurückspulen erfunden), verschliss nicht so schnell und klang besser. Auch eigene Aufnahmen, wie sie mit 8-Track mehr theoretisch als praktisch möglich waren, waren von Anfang an ein Anreiz und bei der Konzeption der erforderlichen Hardware mitbedacht. Es dauerte nicht mehr lange, bis die Jugend der Welt ihre großen Schulhof-Lieben mit aus dem Radio aufgenommenen Liedern auf liebevoll gestalteten Kompaktkassetten überschüttete.

Für die Weiterentwicklung und letztendlich das Überleben von Karaoke war jedoch eine andere Erfindung wichtiger.

Und diese war, im Gegensatz zur 8-Spur-Kassette und einigen anderen grundlegenden Technologien der Karaoke-Prähistorie, tatsächlich eine japanische: die LaserDisc.

GALAPAGOS GRÜSST DEN REST DER WELT

Rückblickend können bei der LaserDisc die Galapagosinseln nicht unerwähnt bleiben. Die haben zwar nichts mit Karaoke speziell zu tun, aber viel mit japanischer Technologie im Allgemeinen. Wenn auch nur metaphorisch. Das Galapagos-Syndrom bezeichnet die japanische Eigenart, Technologien zu entwickeln, die in Japan ganz wunderbar funktionieren und von Millionen begeistert angenommen werden, im Rest der Welt allerdings unbrauchbar oder zumindest nicht nachgefragt sind, weil sie nicht mit internationalen Standards oder Begehrlichkeiten harmonieren. Das betrifft vor allem Geräte und Dienstleistungen aus der Unterhaltungselektronik und dem Kommunikationswesen. So sind diese Technologien ein wenig wie die Flora und Fauna der Galapagosinseln, die es aufgrund bestimmter klimatischer Bedingungen nur dort gibt und die anderswo nicht überleben können. Ein*e gewohnheitsmäßige*r Japan-Reisende*r muss nicht völlig vergreist sein, um sich an die Zeit zu erinnern, als es nicht möglich war, mit ausländischen Mobiltelefonen in Japan auch für den höchsten Roaming-Wucher-Tarif zu telefonieren, weil das japanische Netz eben nur mit japanischen Handys funktionierte.

Technisch isoliert war die LaserDisc zwar nie, aber sie war nahezu nur in ihrem Herkunftsland eine (bescheidene) Erfolgsgeschichte. Die Silberscheibe, die die VHS-Kassette als dominantes Heimkinomedium ablösen sollte, hatte dieselben Abmessungen wie eine Langspielplatte und überzeugte mit deutlich besserer Ton- und Bildqualität, geringerem bis gar keinem Verschleiß und mehreren Audio- und Videospuren für zusätzliche Inhalte wie Untertitel, Audiokommentare und verschiedene Sprachfassungen. Das freute die Cineast*innen, doch eine weltweite Mehrheit sagte: „Wir haben der großen, sperrigen Schallplatte gerade wegen der Compactdisc den Laufpass gegeben, und jetzt sollen wir uns diese Riesenteile wieder für unser Filmvergnügen anschaffen?" Der globale Mainstream wartete lieber, ohne es zu wissen, auf die DVD, quasi eine LaserDisc im CD-Format, die erst Ende der 90er auf den Markt kommen sollte. In Japan allerdings wurde die LaserDisc ein Mainstream-Medium und trug einen nicht zu unterschätzenden Teil zur Weiterentwicklung von Karaoke bei.

Als die Firma Pioneer das erste LaserDisc-System auf den Markt brachte, hatte das Format schon eine recht lange Entwicklungsgeschichte voller Teilerfolge und Rückschläge hinter sich. Auch wenn der technologische Ansatz, Informationen per Laser abzurufen, nach einer typischen 80er-Jahre-Errungenschaft klingt, wurde bereits in den frühen 70ern fieberhaft daran gearbeitet. Ein Vorgänger der LaserDisc wurde 1971 in den USA vorgeführt. Weil es die 70er waren, hörte er auf den hervorragenden Namen „DiscoVision". Dahinter steckte das amerikanische Unternehmen MCA (Music

Corporation of America), zu dem einige große Plattenlabels und Filmstudios gehörten, bis es um die Jahrtausendwende durch Abspaltungen, Umbenennungen und den vorläufigen Tod der Musikindustrie in der Bedeutungslosigkeit verschwand (heute findet sich der Name nurmehr im Nischenlabel MCA Nashville Records, das Country-Musik veröffentlicht). Ganz ausgereift war DiscoVision 1971 allerdings nicht, deshalb kam sie erst 1978 auf den Markt, wo sie nicht lange blieb. Der Laser war gut, doch die Disk noch nicht so weit. Die Platten, die schnell den Geist aufgaben, wurden massenhaft zurückgerufen. Doch die nächste Laser-Scheibe stand schon in den Startlöchern.

LaserVision wurde vom umtriebigen holländischen Unternehmen Philips im Mai 1982 zunächst in den USA und vereinzelten europäischen Ländern auf den Markt gebracht. In Deutschland folgte die Einführung kurze Zeit später. LaserVision nahm nicht nur die Binnenmajuskel-Marken-Manie wie bei iMac und Co. vorweg, sondern auch die Besonderheiten von LaserDisc und später DVD: ausreichend Speicherplatz und die Speicherung von Video und Ton auf unterschiedlichen Spuren. Das ermöglichte Zusatzinhalte wie Videodokumentationen, nicht verwendete Szenen oder Audiokommentare von Filmemacher*innen. Mit LaserVision begann der Brauch, ältere Filme für das Heimkino aufwendig zu restaurieren und in Liebhaber*innen-Editionen herauszubringen, die so manche*r gerne im Regal zur Schau stellte. Das ist das Prinzip, dank dessen sich die Blu-ray-Industrie weiterhin einigermaßen über Wasser halten kann, denn im Gegensatz zum Rest der Bevölkerung kaufen die sammelwütigen Filmliebhaber*innen nach wie vor physische Medien.

In den 1980ern sah es zunächst gar nicht so anders aus – die LaserVision setzte sich in erster Linie bei den Film-Freaks durch. In Europa blieben die Verkaufszahlen im kaum messbaren Bereich. In den USA besaßen immerhin zwei Prozent aller Haushalte einen LaserVision-Player. In Japan, damals im Taumel des technikbegeisterten Wirtschaftswunders, waren es stolze zehn Prozent. Das war zwar Weltspitze und signalisierte deutlich, auf welchem Markt mit nicht ganz billigen technischen Innovationen am ehesten Fuß zu fassen war. Dennoch standen auch diese zehn Prozent in keinem Verhältnis zu den achtzig bis neunzig Prozent der japanischen Haushalte, die einen Videorekorder besaßen. (Auch das war übrigens Weltspitze: In West-deutschland gewannen VHS-Videorekorder sechzig bis siebzig Prozent der Bevölkerung für sich, in den USA waren es vergleichsweise bescheidene 33 Prozent, was ebenfalls bereits als ein Erfolg angesehen wurde.)

Die Entwickler schlussfolgerten: Die LaserVision ist gut, aber vielleicht als Heimkinomedium nicht optimal positioniert. Wo Privathaushalte zögerten, war die Industrie experimentierfreudiger und setzte LaserVision sowohl als Datenträger für Dokumentationszwecke als auch im Bildungswesen ein. Einen besonderen Stellenwert nahm dabei das norddeutsche MEDKOM-Projekt ein, das Krankenhäuser per Videoübertragung vernetzte und gemeinsamen Zugriff auf Datenbanken gewährte in einer Zeit, in der das Internet noch in den textbasierten Kinderschuhen steckte. Dank eines Wechslers für LaserVision-Scheiben konnten im Netzwerk damals erstaunliche hundert Stunden Film oder zehn Millionen Einzelbilder zur Verfügung gestellt werden.

Der erneute Angriff auf die gemeinen Konsument*innen folgte im Jahr 1986. Pioneer hatte LaserVision weiterentwickelt und brachte den Nachfolger als LaserDisc auf den Markt. (In einigen durchaus seriösen deutschsprachigen Quellen ist übrigens auch die sympathischere Schreibweise „Laserdisc" zu finden. Pioneer allerdings schreibt den Produktnamen offiziell mit großem D, und Pioneer muss es ja wissen.) Es war ein kleiner Schritt für die Entwicklung des Heimkinos, aber ein großer für Karaoke.

LASER, TEXT UND BLÜTEN IM WIND

Die LaserDisc erweiterte das Karaoke-Prinzip neben anderen Neuerungen um einen derart entscheidenden und heute so selbstverständlichen Faktor, dass die lange Zeit ohne ihn unvorstellbar scheint: Es handelt sich um die Untertitel, die über den Bildschirm laufen. Pioneer stellte bereits seit 1982 Karaoke-Maschinen für öffentliche Räume her, später auch für Privathaushalte. Eines der Probleme dieser Apparate war eines, von dem niemand wusste, bis es eine Lösung gab. Wer Lieder singen wollte, musste die Texte auswendig kennen oder auf Spickzetteln bei sich führen. Das war bei den Vorformen der Karaoke-Maschinen wie der 8 Juke oder der Sparko Box kaum anders gewesen, und niemanden hatte es groß gekümmert.

Dabei waren die Untertitel nicht mal der springende Punkt, warum der damalige Pioneer-Vizepräsident Seiya Matsumoto auf die Idee kam, Karaoke-Maschinen mit LaserDiscs zu füttern. Eines Abends, so geht die Legende, saß er in seiner Lieblingsbar auf Tokios Glitzermeile Ginza, und die Musikauswahl ging ihm nicht schnell genug. Da die musikalische Begleitung für Karaoke in jener Zeit von Kassetten kam, war es schwierig, genau den gewünschten Song sofort parat zu haben. Man musste vor- oder zurückspulen oder einfach das singen, was gerade gespielt wurde. Die LaserDisc aus seinem eigenen Haus könnte da Abhilfe schaffen, dachte Matsumoto. Tatsächlich war es höchste Zeit, dass sie irgendwo Abhilfe schaffen würde. Zwar war sie in Japan und einigen anderen asiatischen Ländern ein größerer Erfolg als im Rest der Welt, doch ein VHS-Killer, wie zunächst angedacht, war sie nirgends und würde sie angesichts ihres hohen Preises auch nicht werden. Karaoke erfreute sich aber weiterhin größter Beliebtheit und hatte sicherlich noch nicht das Ende der technischen Fahnenstange erreicht. Die Inhalte der Silberscheibe ließen sich, anders als die Inhalte auf Tonbändern, in beliebiger Reihenfolge direkt ansteuern, ohne nennenswerte Zeitverzögerung. Pioneer gehörte die LaserDisc und war führend in der Herstellung von Karaoke-Maschinen. Ein Narr, wer da Synergien ungenutzt ließe!

Die Disk hatte weitere Vorzüge, die sie für die Karaoke-Nutzung prädestinierte. Ein Medium, das in erster Linie als Bewegtbildspeicher diente, nur als Musikspeicher einzusetzen, wäre eine verpasste Gelegenheit gewesen. Bereits Ende der 1970er hatte Pioneer „Video-Karaoke" eingeführt (heute heißt es wieder bloß „Karaoke", da das Ganze ohne Video ohnehin kaum mehr vorstellbar ist). Dabei flimmerten Aufnahmen von romantischen Landschaften über einen Bildschirm, während sich Hobbysänger*innen am Mikrofon versuchten. Texteinblendungen waren ebenfalls nicht gänzlich unbekannt, doch Standard waren sie keineswegs und obendrein nicht der Grund für die Integration der Videokomponente. „Manche Menschen hatten Hemmungen, vor anderen zu singen", erklärte Pioneers internationaler PR-Manager Kinro Shimizu 1992 dem US-Musikbranchenblatt *Billboard*. „Videos halfen dabei, diese Ängste abzulegen." Wenn nebenan ein Sonnenuntergang, Kirschblüten im Wind oder kleine Hunde auf einer Wiese zu sehen sind, so wohl die Logik, achtete niemand mehr so genau auf ängstliche Amateur*innen mit dem Mikrofon in der Hand.

Begleitvideos und Texteinblendungen waren keine Erfindungen, die erst durch die LaserDisc verwirklicht wurden (gleichwohl waren es bereits Erfindungen aus dem Hause Pioneer), doch sie wurden durch die neue Technologie zum Standard. 1982 führte das Unternehmen „LaserKaraoke" ein. Wenig später waren rund achtzig Prozent aller Karaokes LaserKaraoke.

Das sollte sich so schnell nicht ändern. Die Filmfreund*innen sahen sich bald nach anderen Datenträgern um, den Karaoke-Maschinen blieb die LaserDisc erhalten. Nicht in alle Ewigkeit, jedoch erstaunlich lang. Sie machte zudem Karaoke endlich für den Hausgebrauch attraktiv. Das kam wiederum durch die Kombination mit einem Verwendungszweck, mit dem die LaserDisc zuvor nur wenig Boden gutmachen konnte: dem Heimkinosystem. Viele Pioneer-Anlagen kombinierten jetzt Karaoke und Kino. Wer also schon immer mit einem LaserDisc-Player geliebäugelt hatte, die Apparate aber letztendlich als zu teuer abgetan hatte, bekam nun einen Grund präsentiert, den Gedanken noch einmal aufzugreifen. Mit den neuen Maschinen konnte man nicht nur alleine Kintopp schauen, sondern auch in den eigenen vier Wänden Musik-Partys veranstalten.

Was Karaoke für den Hausgebrauch im Allgemeinen angeht, machte die Firma Pioneer ihrem Namen keineswegs Ehre: Die ersten Geräte kamen von den Unternehmen Clarion und Matsushita. Sie waren allerdings sehr kostspielig und kamen noch nicht mit der neuen, flexiblen Speichertechnologie der Pioneer-Geräte. Die ersten Modelle waren also etwas für geduldige Reiche, und dieser Markt darf als überschaubar angesehen werden. Die ersten LaserKaraoke-Player werden ebenfalls nicht gerade Schnäppchen gewesen sein, doch sie hatten die Technik und somit die Zukunft auf ihrer Seite. Mit damals schwindelerregenden 28 Songs pro Scheibe und Wechselspielern, die bis zu fünfzig Platten fassten, stand der interessierten Klientel eine Musikauswahl zur Verfügung, die Werber*innen schon mal als „endlos" bezeichneten.

Die LaserDisc blieb Zeit ihrer Existenz das dominante Karaoke-Speichermedium. Die CD kam (und kommt nach wie vor) zum Einsatz, doch es war erst die DVD mit ihrem der LaserDisc sehr ähnlichen Funktionsspektrum, die zur ernsthaften Konkurrenz und schließlich zur Ablösung wurde.

Allerdings waren es nicht die DVDs allein, die der LaserDisc den Garaus machten.

DER ERSTE APPSTORE DER WELT

1992, fast fünfzehn Jahre bevor Spotify ans Netz ging, wurde im Namen von Karaoke das Musik-Streaming erfunden. Yuichi Yasutomo, ein Forscher im Dienst von Brother Technologies, hatte bereits Erfahrung darin, seiner Zeit meilenweit voraus zu sein: Mitte der 1980er hatte er den ersten Appstore erfunden, über zwanzig Jahre vor Apple. Zugegebenermaßen sah das ohne das Internet, wie wir es kennen, immer noch ein wenig anders aus, als wir uns das vorstellen (dabei darf ruhig erwähnt werden, dass Yasutomo auch am Internet-Vorgänger Videotex mitgewerkelt hatte). Im Zeitalter der Floppy Disk kam Yasutomo die Idee, dass es nicht auf den Datenträger ankäme, sondern auf ihren Inhalt. Deshalb baute er riesige, klotzige Verkaufsautomaten, die nach Münzeinwurf eine leere Diskette ausspuckten, welche man sofort wieder in den Kasten reinstecken konnte, um sie mit der gewünschten Software zu beschreiben, die man über einen Bildschirm und eine Tastatur auswählen konnte. Sollte zu der Software eine Anleitung benötigt werden, konnte man diese per integriertem Drucker ausdrucken. Und voilà – nur zwanzig Minuten später ließ sich das fertige Produkt mit nach Hause nehmen.

Ja, zwanzig Minuten Wartezeit vor einem Automaten waren selbst damals vielen potenziellen Kund*innen zu lang.

Schneller ging es über die herkömmlichen Telefonleitungen nicht, die den Kontakt zu den Servern von Brother herstellten. Dennoch wurde „Soft Vendor Takeru", wie die Maschine hieß (Japaner*innen kürzen gerne ab; „Soft" meint Software), ein mittlerer Hit, der erst elf Jahre später eingestellt wurde (ironischerweise kurz nachdem Takeru endlich angefangen hatte, Profite abzuwerfen). Dafür war anfangs sicherlich der Novitätsfaktor ausschlaggebend. Doch Takeru hatte auch andere Vorteile: Er demokratisierte den noch jungen Markt für Computerspiele. Unabhängige Hersteller, die es sich nicht leisten konnten, ihre Spiele zu vervielfältigen, zu verpacken und in den stationären Handel zu bringen, konnten sie über diese Maschine genauso leicht vertreiben und sichtbar machen wie die Mainstream-Konkurrenz mit ihren tiefen Taschen. Man musste der Firma Brother lediglich eine Kopie eines Titels zukommen lassen und den gewünschten Preis angeben. Das Vervielfältigen übernahmen dann Takeru und die Kundschaft. Brother behielt vom Verkauf eine Provision von dreißig Prozent ein. Das ist ungefähr das, was Apple heute in seinem virtuellen Soft Vendor einstreicht.

Einer der Gründe, warum Takeru eingestellt wurde, war der, dass sein Erfinder ihm den Rücken zukehrte. Brother war vom stetig wachsenden Erfolg so angetan, dass die Firma von ihrem Angestellten erwartete, mit dem Gerät rund die Hälfte des gesamten Marktes für Computerspiele zu übernehmen. Ein Ding der Unmöglichkeit, fand Yasutomo, und blies das Projekt ab. Er wollte sich lieber etwas Neuem zuwenden. Vielleicht etwas mit Musik.

Bereits in den späten 80ern wurde Yasutomo von einem Musiklehrer angesprochen. Einer seiner Schüler hatte, wie damals viele Heimtüftler*innen, an einem Hobby einen Narren gefressen: Er produzierte Musik, ganz allein zu Hause an seinem Computer, mit einem MIDI-Keyboard und einem Synthesizer. Der junge Mann wollte seine Musik gerne vertreiben, und deshalb fragte sein Lehrer Yasutomo, ob man diese nicht über seinen Software-Verkaufsautomaten verkaufen könne. Da Brother von seinem Erfinder zu jener Zeit eine baldige Übernahme des lukrativen Gaming-Marktes erwartete und Yasutomo kaum Gewinnpotenzial im Verkauf von heimproduziertem MIDI-Gedudel sah, sagte er dankend ab.

Ganz ließ ihn der Gedanke allerdings nie los. Musikdateien waren deutlich kleiner als die Computerspiele, die Takeru feilbot. Sie eigneten sich perfekt für einen relativ schnellen Download über Telefonleitungen. Irgendetwas musste sich daraus doch machen lassen. Aber der Musikmarkt brauchte ganz sicher kein neues Vertriebsmodell – die CD war gerade ein paar Jahre alt, verkaufte sich wie geschnitten Brot, und es gab keinen Grund, warum sich das in absehbarer Zeit ändern wollte. Wer wollte sich schon Musik über eine Telefonleitung herunterladen, wenn der Besuch in einem bunten, lärmenden, verheißungsvollen CD- und Schallplatten-Laden um ein Vielfaches attraktiver war? Gegen HMV, Tower Records und Co. war mit digitalem Musikvertrieb mit Sicherheit kein Boden gutzumachen. Zumindest nicht für Privatanwender. Bei öffentlichen Einrichtungen, die auf Musik angewiesen waren, mochte das anders aussehen.

KARAOKE STREAMT VORAUS

Karaoke ging mal wieder durch eine Zeit des Wandels. Diesmal war es kein technischer, und genau das war das Problem: Die Technik kam der kulturellen Veränderung nicht hinterher. Zunächst war Karaoke von einem Zeitvertreib für kleine Bars zu einem Zeitvertreib für größere Bars gewachsen. Es wuchs nach wie vor, aber jetzt wurden die Räume wieder kleiner. Dafür wurden sie mehr. Viel mehr. Aus Karaokebars, in denen das Arbeiter*innenvolk sich nach dem vermeintlichen Feierabend mit den Vorgesetzten und Kolleg*innen vor einem Publikum aus Wildfremden zwangsvergnügte, wurden Karaoke-Center mit kleineren Räumen, die von kleineren Gruppen einer größeren Demografie gefüllt wurden. Mit der Ausweitung von Karaoke über das Nachtleben hinaus verfielen auch Familien und Jugendliche dem Mitsingspiel. Das bedeutete potenziell mehr Einnahmen für die Betreiber*innen von Karaoke-Centern, jedoch auch mehr Ausgaben.

Theoretisch musste jede Kabine mit einem LaserDisc-Wechsler inklusive LaserDiscs ausgestattet werden. Die Hardware war nach wie vor nicht billig, und die Scheiben offenbarten in Zeiten steigender Ansprüche ihre Limitierungen. Zwar gingen viel mehr Lieder auf eine Disk als auf eine Kassette, doch erwartete die sangeswütige moderne Kundschaft zunehmend, dass eine Karaoke-Anlage gefälligst jeden erdenklichen Song jederzeit auf Abruf haben musste. Das bedeutete, dass jeder Raum mit einer großen Anzahl von LaserDiscs ausgestattet werden musste. Und das, obwohl lediglich zu Stoßzeiten mit einer vollen Auslastung aller Zellen zu rechnen war. Nur ein begrenztes Kontingent an LaserDiscs zu halten und sie nach den Wünschen der Kundschaft zwischen den Räumen hin und her zu transportieren, war ebenfalls keine befriedigende Lösung für die Kundschaft. Und für das Personal, das mit der Bereitstellung von Speisen und Getränken schon ausgelastet genug war, erst recht nicht.

Was aber wäre, wenn die Musik gar nicht von Platten käme, sondern von einem zentralen Server, bei Bedarf abrufbar über die Telefonleitung? Diese Frage stellte sich Yasutomo und beantwortete sie sogleich: Gut wäre das! Könnte man auf den Vertrieb von Karaoke-Tracks ein ähnliches Konzept anwenden, wie er es zuvor auf den Software-Verkauf angewendet hatte, wären damit nicht nur die logistischen Probleme von Karaoke-Centern gelöst. Außerdem würde neue Musik direkt aus den Charts schneller in die Kabine kommen. Im Zeitalter der LaserDisc musste man stets warten, bis es genügend neue Songs gab, um ein neues Laser-Album herauszubringen. Singles wären nicht wirtschaftlich gewesen. Mit einem Soft-Vendor-artigen Ansatz könnten auch einzelne Stücke über die Leitung geschickt werden, sobald die Rechtesituation geklärt war.

Das Problem der zu langsamen Karaokesierung neuer Musik wurde mit dem demografischen Wandel der Enthusiast*innen ein immer größeres. Jugendliche, die nun erstmals einen Großteil der Zielgruppe ausmachten, wollten nicht ewig warten, bis sie die neuesten Hits aus Fernsehen und Radio schmettern konnten. Yasutomo überzeugte seinen Arbeitgeber Brother, in den Karaoke-Markt einzusteigen, und bald ging das erste Online-Karaoke-System ans Netz. Es hörte auf den klangvollen Namen Joysound und bestand aus einem zentralen Server für die Speicherung der Daten der Instrumentalmusik; einen Receiver für jede Karaoke-Box, auf den die Daten heruntergeladen wurden; einen Synthesizer, der die Daten in Töne übersetzte; einen Bildschirm als Bedienelement; und natürlich einem Mikrofon, um eigene Töne zu produzieren.

Die Karaoke-Center-Betreiber*innen lachten sich einen Ast. Die Musik, die Joysound von sich gab, machte keine Freude. Die Arrangements waren nicht mit denen der Originalnummern zu vergleichen oder gar zu verwechseln, sondern bloß blasse synthetische Annäherungen. Für mehr reichte die revolutionäre Übertragungstechnologie nicht. Einige sprachen von Piko-Piko-Klang, einem lautmalerischen Begriff für die simplen Geräuschkulissen früher Videospiele. Den erfahrenen Karaoke-Kund*innen, so waren sie sich einig, würden sie diesen Schmarrn nicht vorsetzen können. Doch Brother sagte ganz lieb bitte und schlug vor, es doch zumindest einmal zu versuchen. So wurden die Joysound-Anlagen für unverbindliche einmonatige Testperioden abgegeben. Und der Rest ist Geschichte.

Es stellte sich heraus, dass die meisten Nutzer*innen sich nicht auf der Suche nach audiophilen Rauscherlebnissen in die Box begaben. Die neuesten Hits sofort singen zu können war ihnen wichtiger als deren exakte musikalische Replikation. Auf die Begleitung achtete bei Karaoke ohnehin niemand; es kam einzig und allein auf den eigenen Gesang an.

Es sprach sich schnell herum, dass eine neue Generation von Karaoke-Geräten in der Stadt war. Die Menschen begannen gezielt nach Joysound-Kabinen zu fragen. Nach einem Monat kehrten die Vertreter*innen der Firma Brother zurück, um sich für die Unannehmlichkeiten zu entschuldigen und den Center-Betreiber*innen zu danken, dass sie es zumindest versucht hatten. Als sie gesunkenen Hauptes ihre Maschinen wieder einsammeln wollten, stellten sich die Geschäftspartner*innen schützend vor ihre neuen Lieblingsgeräte und wollten sie nicht wieder hergeben.

1995, drei Jahre nach der zaghaften Einführung von Joysound, sprach niemand mehr von LaserKaraoke. Joysound wurde in Japan ein bekannterer Markenname als Brother Industries und ist noch heute der Standard in den Karaoke-Boxen des Landes. Die neuesten Joysound-Modelle lassen zwischen mehr als 355.000 Songs wählen. Und klingen deutlich besser.

WAS MACHT HEUTE EIGENTLICH ...

... die LaserDisc? Obgleich sie inzwischen aus den Karaoke-Centern verschwunden ist, wird sie von Fans nach wie vor innig geliebt. Und diese sind nicht nur die, die die kurze Zeit des kleinen Erfolges der Scheibe hautnah miterlebt haben und von ihrer Haptik oder der Ästhetik ihrer Verpackung schwärmen. Es sind auch nicht nur die, die schwören, dass ein besseres Filmspeichermedium nie erfunden wurde und die neueren DVD- oder Blu-ray-Veröffentlichungen dieses oder jenes Klassikers nicht mit der LaserDisc-Edition von damals aus dem Hause XY mithalten können. Tatsächlich kommen auch weiterhin spät bekehrte Neulinge hinzu, genauso wie es in einigen Hipster-Kreisen als chic gilt, antiken VHS-Kassetten hinterherzujagen. Einer der Gründe für den Kult um die LaserDisc als Sammelobjekt ist recht pragmatisch: Das Angebot ist stark begrenzt. Auf Deutsch liegen lediglich 1200 Veröffentlichungen vor. Das stellt Komplettist*innen vor eine überschaubare Herausforderung. (Allerdings ist der Markt kaum erschöpfend dokumentiert. Expert*innen streiten beispielsweise darüber, welches die letzte deutschsprachige Veröffentlichung auf LaserDisc war: Es muss entweder Walt Disneys *Schneewittchen und die sieben Zwerge* oder Joe D'Amatos *Sado – Stoß das Tor zur Hölle auf* gewesen sein.)

… die 8-Spur-Tonband-Kassette? Auch sie konnte nicht alle ihre Anhänger*innen abschütteln. Hin und wieder kommen sogar noch neue Modelle auf den Markt. Eine der aktuellsten 8-Spur-Veröffentlichung ist das Album *A Holly Dolly Christmas* von Dolly Parton. Es erschien im Jahr 2020. Rund vierzig Jahre, nachdem die meisten Musikhändler das Format aus dem Programm genommen hatten, und dreißig, nachdem auch der Elektronikfachhandel die letzten Leerkassetten verramscht hatte.

… die CD? Sie dreht fröhlich ihre Runden. Heute, so möchte man meinen, handhabe Karaoke es genauso wie die meisten von uns. Physische Datenträger? Im vollvernetzten Zeitalter digitaler Wolken verzichtbar. Tatsächlich gibt es aktuell etliche Karaoke-Geräte, an die man sein bevorzugtes

Abspielgerät anschließen kann und die keine Scheiben oder Kassetten mehr brauchen, um Stimmung zu machen. Möglicherweise sind sie sogar in der Überzahl. Allerdings haben sie die Modelle mit CD-Player noch lange nicht verdrängt, und es spricht einiges dafür, dass das so bald nicht passieren wird. Weiterhin erscheinen regelmäßig neue CDs mit stimmlosen Karaoke-Tracks und bunten Cover-Designs, die die 80er Jahre nie überwunden zu haben scheinen. Dabei wird dieses Medium nicht von Nostalgiker*innen am Leben gehalten. Zu den inbrünstigsten Karaoke-Praktizierenden gehören Kinder. Und Kinder lieben physische Medien – in dieser Hinsicht ziehen ältere Generationen oft voreilige und falsche Schlüsse über die sogenannten *Digital Natives*. Kinder fassen gerne Dinge an, und das klappt in der Digitalwolke nicht. Außerdem macht gerade der Umstand, dass physische Datenträger im Alltag selten geworden sind, den Reiz des Besonderen aus.

CDs haben aber auch in der Welt der Erwachsenen Vorteile. Sie lassen sich bequem zu Partys in anderer Leute Häuser mitbringen, und es erübrigen sich allzu intime Fragen wie: „Dürfte ich mal mein Telefon in Ihre Musikanlage stecken?"

Track 6

Glory Days

Als in den 1980ern die erste richtig große Karaoke-Welle durch Japan rollte, blieb eine eigentlich wichtige Zielgruppe davon zunächst unberührt. Manch Vermarkter*in würden sogar sagen: Die einzig wichtige Zielgruppe, nämlich junge Leute. Karaoke war etwas für die ergrauten und schütteren Generationen. Das lag nicht etwa daran, dass junge Leute keine Musik mochten. Im Gegenteil, in den Jahren, in denen in Japan die Wirtschaft boomte, boomte dort auch alles andere. Die Popmusik und ihre Vermarktung entwuchsen den Kinderschuhen. Junge Leute hörten und kauften Musik wie nie zuvor. Nur eben nicht die, die ihnen aus den Karaokebars entgegenschallte.

VON ENKA BIS J-POP

Zu den populärsten Songs, die an Karaoke-Maschinen ausgewählt wurden, gehörten in den ersten Jahren bäuerliche Arbeiter- und Soldatenlieder aus dem Zweiten Weltkrieg. Man musste wohl dabei gewesen sein, um einen Bezug dazu zu haben. Oder zumindest bereits auf der Welt. Der Rest war für jugendliche Ohren und Gemüter ebenfalls nicht angenehmer. Der Rest war Enka. Darunter versteht man seit den 1950er Jahren eine Art von volkstümlicher Schlagermusik. Modernisierungen gibt es immer wieder, doch nach wie vor kann man sagen, dass sich jemand, der sich für volkstümlichen Schlager in keiner Form begeistern kann, sich auch für Enka nicht begeistern wird.

Dabei hatte es durchaus aufregend angefangen. Im späten 19. Jahrhundert war Enka vor allem ein Sprachrohr für die junge Demokratie-Bewegung gewesen. Sie suchte damit ihre Überzeugungen in Form von Reimen und Melodien darzustellen, im Stil traditioneller Gedichtformen. Anders ging es nicht, denn in den damaligen undemokratischen Zeiten war es ihnen verboten, Reden zu halten. Lieder zu singen war da ein juristisches Schlupfloch. Daher stammt die Theorie, dass der Begriff Enka von *enzetsu no uta* (演説の歌) abgekürzt wurde, was so viel wie „Rede-Lied" bedeutet. Laut einer anderen Theorie kommt er von *enjiru uta* (演じる歌), „Darstellungslied" (das Schriftzeichen für *uta* (歌), Lied, kann auch *ka* wie in Enka gelesen werden).

Je demokratischer das Land wurde, desto weniger blieb Enka als politisches Sprachrohr relevant. Das Genre geriet ein wenig in Vergessenheit, bis es in den 1950ern als ebenjene Schlagermusik über Liebe, Verlust, Tod, Selbstmord und andere menschliche und allzu menschliche Malaisen wiedergeboren wurde. Es setzte einen kulturell konservativen Kontrapunkt zur Boogie-Woogie-Musik, der immer mehr junge Menschen verfielen. Obwohl Enka mit der Zeit gewisse Elemente von Jazz, Blues und Rock 'n' Roll aufnahm, blieb beim Publikum eine klare Trennlinie bestehen: Die populäre Musik aus dem Westen war für die Jugend, Enka für die Alten. Das war natürlich kein nachhaltiges Business-Konzept, denn die Alten würden nicht ewig Platten kaufen können, und wer mit Rock und Jazz aufwuchs, würde bestimmt auch nach der Pensionierung nicht plötzlich auf Enka umsteigen. Einigen Künstler*innen war das durchaus bewusst, weshalb beispielsweise Enka-Star Harumi Miyako stets behauptete, gar kein Enka-Star zu sein. Nicht nur das, laut ihr existierte dieses Genre nicht einmal. Tatsächlich hat die Relevanz des Stils seit den 1980ern stark abgenommen, beziehungsweise verschmolz er immer mehr mit modernem J-Pop. Darüber hinaus ist er nach wie vor im japanischen Fernsehen präsent, das immer ein paar Jahrzehnte hinter internationalen TV-Standards hinterherschleicht, sowie als Hintergrundmusik in Restaurants zu hören. Ganz wird er also wohl nie verschwinden.

Die wenigen jungen Leute, die gegen die Gepflogenheiten ihrer Generation heute Enka hören, sind oft westliche Trendhopper mit einem ironischen Musikverständnis und einer Phantomnostalgie für Zeiten und Orte, die sie nicht erlebt haben. Im realen Japan der 1980er brauchte man jedenfalls mehr als Enka, um Karaoke am Leben zu halten.

Wie gut, könnte man meinen, dass sich längst ein recht lukrativer J-Pop-Markt herausgebildet hatte. Obwohl japanische Varianten populärer westlicher Musik stets landestypische Eigenheiten aufwiesen, folgte die Entwicklung zumindest in groben Zügen der im Westen. Das hing nicht zuletzt mit der amerikanischen Besatzung nach dem Zweiten Weltkrieg zusammen, die in den 50ern den Rock 'n' Roll und wenig später den Folk nach Japan gebracht hatte. Sogar eine Country-Szene entwickelte sich unter japanischen Musiker*innen und Musikliebhaber*innen. Wo Deutschland Truck Stop und The BossHoss hat, hatte Japan bereits früh unter anderem Biji Kuroda & The Chuck Wagon Boys oder Jimmie Tokita and His Mountain Playboys, und nach wie vor sieht man junge Einheimische mit Cowboyhüten und Steel Guitar in Kneipen wie Little Texas Tokyo aufspielen.

In den 70ern entwickelte sich eine umtriebige und kommerziell erfolgreiche J-Rock-Szene, die auch im Westen ihre Anhänger*innen fand, lang bevor „Cool Japan" ein umfassendes Phänomen von Sushi bis Manga wurde. Zum Ende der Dekade wurde der Rock immer stärker elektronisch durchsetzt. An vorderster Front war das von Kraftwerk beeinflusste Yellow Magic Orchestra, die erste Band von Japans späterem Vorzeige-Komponisten Ryuichi Sakamoto. Dies bereitete den Nährboden für den luftigen, tanzbaren J-Pop, der in den wirtschaftswunderbaren 80ern aus den Autoradios der Coupés wummerte, die durch die neonbeleuchteten Nachbarschaften von Ginza, Shibuya und Roppongi spazieren gefahren wurden.

Und was brachte das alles Karaoke? Erst mal nichts. Karaoke blieb stur bei Enka. Das wollten die Alten hören, und das wollten die Alten singen. Also hörten die Jungen weg und sangen nicht mit, wenn es sich vermeiden ließ. Leider ließ es sich nicht immer vermeiden, denn Karaoke war inzwischen fester Bestandteil der Feierabend-Vergnügungen geworden, die wiederum fester Bestandteil der japanischen Arbeitskultur sind. Junge Angestellte entwickelten somit eine gewisse Abneigung, wenn nicht gar eine regelrechte Angst vor Karaoke. Abend für Abend mussten sie Lieder singen und hören, die sie nicht mochten, in einer Gesellschaft, die sie sich nicht aussuchen konnten. Das änderte sich erst, als der Boss kam. Und damit ist nicht der Abteilungsleiter der armen jungen Leute gemeint.

BRUCE SPRINGSTEEN FÜR DUMMIES

Bei Bruce Springsteen schrillen bei einigen ewig Unbelehrbaren sofort die Alarmglocken. Manchen Menschen vermeintlich gehobenen Bildungsstandes muss auch heute noch geduldig erklärt werden, was für ein Guter Bruce Springsteen ist. Dass etwa sein Song „The River" nicht weniger ist als der Große Amerikanische Roman in unter fünf Minuten. Dass sein bekanntestes Lied, der Titeltrack des Albums *Born in the U. S. A.*, nicht die Art von Lied ist, nach der der Titel klingt. Seine Botschaft lautet nicht etwa: *„Hurra, ich bin Amerikaner!"*, sondern: *„Ich bin Amerikaner, aber es wird schon gehen."* Natürlich muss man den Song schon mal gehört haben und Englisch können, um das zu verstehen. Viele amerikanische Rechte haben damit Schwierigkeiten, weshalb Springsteen einen beträchtlichen Teil seiner Zeit und Energie darauf verwenden muss, zu verhindern, dass „Born in the U. S. A." auf republikanischen Einpeitsch-Veranstaltungen gespielt wird.

Natürlich könnte argumentiert werden, dass die Verteidigung hier fehl am Platze ist, da es für die Karaoke-Eignung sicherlich kein oberstes Kriterium ist, ein Singer-Songwriter von Gottes Gnaden zu sein. Und doch ist es wichtig, ein womöglich schiefes Bild gerade zu rücken, bevor auf den teuren Plätzen wieder gekichert und mit der Nase gerümpft wird. In der Tat ist es für das vorliegende Thema wohl wichtiger, wie Springsteen singt, als was er singt. Er neigt zum Brüllen, das können selbst Verehrer*innen nicht abstreiten, und das kommt dem Prinzip Karaoke enorm entgegen. Springsteen-Songs kann auch singen, wer nicht singen kann, oder wenn die Getränkelage des Abends es schwer macht.

Bruce Springsteens Einfluss auf die Geschichte von Karaoke begann, ohne sein Wissen, als seine legendäre Welttournee zum Album *Born in the U. S. A.* ihn und seine E. Street Band für acht Konzerte nach Japan brachte, fünf davon in Tokio. Zwar waren hier die Stadien ein wenig kleiner als in Europa und den U. S. A., doch die Presse war außer Rand und Band, das Land war im Springsteen-Fieber, die Lieder des Albums wurden in Bild- und Hörfunk rauf und runter gespielt, von den Massen mitgesungen, so gut es ihnen ihr Englisch eben erlaubte. Da machten sich in der japanischen Musik- und Karaoke-Industrie einige Entscheider ganz entschieden Gedanken. Und noch im selben Jahr stand die Karaoke-Version des Albums in den Regalen. Weil es so viel cooler ist, bewarb man sie sogar mit einem englischem Werbeslogan (zusammenfantasiert von japanischen Werbetextern): „That exact feeling of singing with the boss, if not making you feel like him inside out!"

Auch wenn der hemdsärmelige, ur-amerikanische Sound von *Born in the U. S. A.* nicht sonderlich japanisch anmuten mag, war das Album wie geschaffen für die Karaoke-Verwertung, nicht nur aufgrund von Springsteens Popularität und Artikulationsstil. Wie ansonsten allenfalls Michael Jacksons zwei Jahre zuvor erschienene LP *Thriller* ist es einer der großen Pop-Monolithen seiner Ära, ein Werk ohne echte Durchhänger. Man hat das Gefühl, jeder Song könnte als Single ausgekoppelt werden (und wer zu jener Zeit bereits voll im Leben stand, hatte das Gefühl, dass genau das auch getan wurde). In anderen Worten: Jeder Song ein Brüller, in diesem wie in jenem Sinne. Zwei Millionen Schallplatten, CDs und Kassetten der gesanglosen Version von *Born in the U. S. A.* gingen in Japan über die Ladentheken. Rock 'n' Roll-Karaoke war geboren (nicht in den U. S. A., aber mit Schützenhilfe von dort), und plötzlich interessierte sich auch die Jugend für den Alt-Herren-Zeitvertreib.

Es dauerte nicht lange, bis weitere moderne Musik zum Mitsingen lizenziert wurde, zunehmend auch von einheimischen Künstler*innen, was das Mitsingen für die Mehrheit im Lande enorm erleichterte. Dennoch war die frühe internationale Ausrichtung sicherlich ein Grund, warum Karaoke in den 80ern und 90ern zu einem Exportschlager wurde. In englischen Pubs und deutschen Großraum-Discos wäre mit japanischem Enka niemand weit gekommen.

In Japan stehen die Musik- und die Karaoke-Industrie heute in ständiger Wechselwirkung. Ging der Einfluss zwischen den beiden Polen zunächst vor allem in eine Richtung – Karaoke übernimmt aktuelle Hits, um relevant zu bleiben –, so herrscht inzwischen ein ausgeglichenes Geben und Nehmen. Einerseits locken hohe Chartplatzierungen weiterhin Sangeswillige in die Karaoke-Center, andererseits werden viele Hits durch Karaoke noch größere Hits (vielleicht sogar die von Bruce Springsteen, zumindest in Japan). Da wundert es kaum, dass findige Musikproduzent*innen längst darauf achten, ihre Lieder von vornherein gut nachsingbar zu gestalten. In Japan, und zunehmend auch im Rest der Welt.

Track 7

Japan ist nicht genug

Karaoke ist, beabsichtigt oder zufällig, einer der großen Eckpfeiler von Japans Softpower-Strategie geworden. Das Ende des Zweiten Weltkriegs hatte den vorläufigen Schlussstrich unter den Status der Nation als gefürchtete Militärmacht gezogen. Fortan mussten Welteroberungen friedlicher stattfinden: Über technologische Innovationen, kulturelle Angebote und kulinarische Offenbarungen. Mit Walkman, Manga, Sushi und einigem mehr schaffte Japan innerhalb weniger Jahrzehnte einen erstaunlichen internationalen Imagewandel vom Land der grausamen Besatzer zum Land der liebenswert exzentrischen Erfindertypen.

EINE GESELLSCHAFT DRÜCKT SICH AUS

Der Soziologe Nobuyoshi Kurita hat sich eingehend mit der kulturellen japanischen Expansion der letzten Jahrzehnte befasst. Dem amerikanischen *Christian Science Monitor* erzählte er 2004 anlässlich des dreißigsten Geburtstags eines weiteren japanischen Erfolgsexports, der Deko-Katze Hello Kitty, die neuen Cartoon-Produkte aus Japan kämen im Ausland so gut an, weil sie jede Art von nationalem Charakter vermissen ließen. Damit konnte Japan wieder in Ländern die Herzen erobern, die das Land in der jüngeren Vergangenheit noch als militärischen Aggressor kennengelernt hatten. Daran zeige sich außerdem der Wandel von einer Gesellschaft, die am Materiellen hängt, zu einer Informationsgesellschaft. Waren zunächst Elektro-Artikel Statussymbole, sind es laut Kurita im frühen 21. Jahrhundert Cartoons geworden. Anime und Manga wollen gar nicht mehr aufhören zu boomen, weder im Westen noch im asiatischen Ausland. Obwohl diese Ausdrucksformen der von Kurita attestierten Abwesenheit von nationalem Charakter keineswegs immer entsprechen. In finsteren Zeiten wurden sie sehr wohl zu Propagandazwecken genutzt, und auch heute sind sie nicht immer frei von fragwürdigen Botschaften, die allerdings vom erzählerischen Spektakel und der unschuldigen Ästhetik kaschiert werden.

Als nächsten Wandel kündigte Kurita den von der Informationsgesellschaft zu einer expressiven Gesellschaft an. Er lag damit nur teilweise falsch. Er meinte vor allem die Kosmetikindustrie, die eine kulturbestimmende Rolle einnehmen würde, und prophezeite, dass die japanischen Hersteller dabei ganz vorne mit dabei sein würde. Die Zeichen standen nicht schlecht: Tatsächlich fielen schon seit einiger Zeit massenhaft Touristen und vor allem Touristinnen aus anderen asiatischen Ländern in Japan ein, um ihre Koffer mit dem überlegenen Make-up made in Japan zu füllen. Was Kurita allerdings nicht voraussehen konnte, war die koreanische Welle. Beziehungsweise er kannte nicht voraussehen, dass sie eben mehr als nur eine Welle sein würde. So wie Japan für viele

Jahre die führende Popkultur-Großmacht außerhalb der westlichen Welt war, wurde es in den letzten Jahren Südkorea. Bald dominierte K-Pop die internationale Popästhetik. Damit übernahm Südkorea auch einen Löwenanteil der Kosmetikindustrie. Nun waren es die Japanerinnen, die Auslandsreisen unternahmen, um sich einzudecken.

Nichtsdestotrotz: In unserer vernetzten Gegenwart kommt kaum jemand umhin festzustellen, dass wir in der Tat in einer expressiven Gesellschaft leben. Nur nicht genau in der, die Kurita vorausgesagt hatte. Die Gesellschaft drückt sich nicht in erster Linie über die Farbe in den Gesichtern ihrer Mitglieder aus, sondern über die sozialen Medien. Das treffendere Schlagwort wäre vielleicht das einer performativen Gesellschaft. Die individuellen Performances finden vor den allgegenwärtigen Kameras der Mobilgeräte statt und verbinden die Performenden im Livestream oder nach dem Upload miteinander. Karaoke war schon lange vorher da, passt aber mit seinen Ausdrucksmöglichkeiten und seiner Einladung zur Selbstinszenierung perfekt in diese neue Gesellschaft der Performance. So mag Japan nun tatsächlich nicht mehr die Nase vorn haben, wenn es um die Benennung gesellschaftlicher Trends und Entwicklungen geht, doch es bleibt als entscheidender Player ganz vorne mit im Spiel.

Als Karaoke über die Welt kam, sah sie ohnehin noch ganz anders aus. Wenn es etwas Neues aus Japan gab, dann sah und hörte man hin. Die Firma Clarion, die als erster japanischer Hersteller von Autoradios schon einmal eine Vorreiterrolle gespielt hatte, brachte 1976 ihre ersten Karaoke-Maschinen für die gewerbliche Nutzung heraus und bald darauf die ersten Maschinen für zu Hause. Die Geräte waren anfangs recht kostspielig. Wie gut, dass gerade Wirtschaftsboom war und kein Ende in Sicht. Es wird geschätzt, dass Japan 1982 mehr Geld für Karaoke ausgab als Amerika für alltagsnotwendige Gasgeräte. Das führte zur Großen Karaoke-Knappheit von 1983, als die Menschen noch immer kaufen wollten, aber viele der circa 22.000 Verkaufsstellen nichts mehr auf Lager hatten und die Hersteller der Nachfrage kaum hinterherkamen. Etwas Ähnliches geschah 2002 in Großbritannien, als Karaoke durch diverse Fernsehshows einen enormen Popularitätsschub erhielt und ausgerechnet vor Weihnachten die Händler*innen nicht mehr liefern konnten.

Karaoke ist weit gereist und hat sich vielerorts an Märkte, Mentalitäten und Gepflogenheiten angepasst. Leider ist nicht alles, was sich in seinem Umfeld entwickelt hat, begrüßenswert.

DER SCHRECKEN DES KUSCHEL-KARAOKE

In vielen asiatischen Ländern setzte sich vor allem die auch in Japan heute dominante Art von Karaoke-Betrieben durch, die auf private statt öffentliche Räume setzen. Diese Abschottung von fremden Blicken fördert nicht überall nur Diskretion und Unbefangenheit, sondern auch Umtriebe, die aus finsteren Gründen lieber geheim gehalten werden. Unter anderem in Kambodscha, Sri Lanka, Thailand und sogar Tibet werden Karaoke-Center zur Verschleierung von Prostitution genutzt, die in den meisten dieser Länder illegal ist.

In Vietnam haben sich zwei Begriffe für fragwürdige Spielarten von Karaoke durchgesetzt: *Bia Om* (Bier und Umarmung) und *Karaoke Om*, was man mit „Kuschel-Karaoke" übersetzen könnte, sicherlich ein besonders schrecklicher Euphemismus. Bei Umarmungen bleibt es in der Regel bei diesen Veranstaltungen nicht, und allzu kuschelig wird es für die Dienstleisterinnen ebenfalls nicht, auch wenn sie offiziell nur zum Händchenhalten und der gesanglichen Unterstützung angestellt sind. Eine Alleinstellung hat Karaoke bei dieser Praxis keineswegs. Es gibt ebenso Frisör- und Billardsalons „mit Umarmung".

In Thailand beschäftigten bei einer Untersuchung von 2001 mehr als tausend Karaoke-Bars Prostituierte. Die Karaoke-Unternehmen des Landes dienen außerdem als internationaler Umschlagplatz für Zwangs- und Kinderprostitution. Die Opfer werden aus anderen Ländern dorthin geschmuggelt und von dort bei entsprechender Nachfrage ins Ausland „geliefert". Die Adressaten findet man nicht nur in der lax kontrollierten direkten asiatischen Nachbarschaft, sondern auch in Japan, den USA und Europa.

In Indonesien gehört die Auswahl einer oft sehr jungen Frau so selbstverständlich zum Karaoke-Abend wie die Auswahl des Raumes. Die Wahl der weiblichen Begleitung geschieht mit Hilfe eines Sehschlitzes, durch den der Kunde die Frauen begutachten kann, diese aber nur die Augen des Kunden sehen. Sexuelle Handlungen finden in der Regel nicht in den Karaoke-Centern statt. Deren Räume sind oft von außen einsehbar, um genau das zu verhindern. Was die Kunden mit den bezahlten Begleiterinnen nach deren offiziellen

Dienstschluss allerdings an anderen Orten tun, fällt nicht mehr in die Verantwortung der Center. Karaoke-Girl gilt in Indonesien als Traumjob. Die Bezahlung beträgt rund das Zehnfache des Durchschnittsgehalts. Doch selbst wenn der Beruf nicht von Anfang an in Prostitution ausartet, so führt er häufig in diese Richtung.

Auch in Südkorea, wo sich Karaoke durchaus als Familienunterhaltung etabliert hat, gibt es eine Verquickung mit der Sexarbeit. In einigen Etablissements lassen sich, wie in Indonesien, zu den Räumlichkeiten Animierdamen mitmieten, die eigentlich nur für Stimmung sorgen sollen, indem sie Tambourin spielen, Kellnerinnendienste übernehmen, mitunter selbst singen und die Sangeskünste ihrer Gastgeber wohlwollend kommentieren. Was darüber hinaus passiert, fällt in den Ermessensbereich der in dieser Weise Angestellten. Prostitution ist in Südkorea wie in Japan illegal, jedoch weit verbreitet. Sie wird häufig unter dem Deckmantel anderer Unterhaltungsdienstleistungen angeboten.

In Bali war eine Karaoke-Kette so sehr um den guten Ruf des Hobbys besorgt, dass sie 2003 eine große Marketing-Kampagne fuhr, die darauf hinwies, dass es im Land zwei Arten von Karaoke gäbe: „Weißes Karaoke" für die ganze Familie und „Erwachsenen-Karaoke", bei dem man „spezielle Lieder" singen könne. Den Rest konnte man sich denken. In China waren solche speziellen Lieder ebenfalls im Angebot. Probleme gab es aber eher mit internationalen Chart-Hits.

VON KARAOKE-PALÄSTEN ZUM STOPFLEBER-IMPERIUM

Der Siegeszug von Karaoke in China ist vor allem einem Mann zu verdanken: Chen Xiuhong. Als Anfang der 1990er die chinesische Wirtschaft zu boomen begann, hatte er den richtigen Riecher: Japanische Produkte waren als modern, hochwertig und fortschrittlich angesehen. Modern wollte in den großen Städten jede*r sein, und „fortschrittlich" klang für die Landbevölkerung gut, die den Fortschritt mit Urbanität und einer Abwendung von der Plackerei auf Äckern und Feldern gleichsetzte. Bald war das Mikrofon in der Hand so selbstverständlich wie die Fernseh-Fernbedienung, und eine Karaoke-Anlage im Wohnzimmer war ebenso unabdinglich wie das TV-Gerät.

Herr Chen brachte mit japanischen Partnern Karaoke in die Bars und Eigenheime. Er war maßgeblich verantwortlich für die Einrichtung der ersten Karaoke-Center. Dann sattelte er um auf die Produktion von Stopfleber und mochte über Karaoke nicht mehr sprechen. Das mag an der auch in China zunehmenden Verquickung von Prostitution und Karaoke liegen. Oder an der Welle von Abmahnungen internationaler Plattenfirmen, die plötzlich im Land eintrudelten. Auf die Achtung internationaler Urheberrechte hatte offenbar keine*r der Beteiligten einen Gedanken verschwendet. Die juristischen Verfahren machten Presse. Die Bevölkerung war großteils auf der Seite der chinesischen Karaoke-Anbieter*innen: Wieso sollte man sich in China an so etwas halten, wenn es so etwas in China gar nicht gab? Tatsächlich begann sich eine echte Musikindustrie im Land erst langsam zu entwickeln (bislang gehörte alle Musik dem Staat). Fälschungen ausländischer Waren hatten eine lange, keineswegs schuldbehaftete oder auch nur schuldbewusste Tradition. Außerdem wurde argumentiert, dass im chinesischen Verhältnis von Musikindustrie und Karaoke eine Hand die andere wasche. Viele inzwischen gewinnträchtige Stars hätten in China als lokale Karaoke-Talente begonnen. (Damit in dieser Hinsicht auch jede*r eine reelle Chance bekam, wurden auf offener Straße sogar Automaten aufgestellt, an denen man für kleines Geld Passant*innen besingen konnte.)

Gegen die Verbindung von Karaoke und sexuellen Dienstleistungen gingen die Autoritäten immerhin 2001 in einer dreimonatigen Säuberungsaktion vor. Viele der fraglichen Etablissements mussten schließen. Sie eröffneten aber kurze Zeit später wieder und machten genau dort weiter, wo sie aufgehört hatten. Nur dass die Animierdamen nun mitunter als DJs oder Kellnerinnen geführt wurden.

Chens Stopfleber-Fabriken produzieren mittlerweile ein Drittel des Ausstoßes entsprechender französischer Einrichtungen und exportieren ins Ausland. So ist China zu einem gefährlichen Konkurrenten für Frankreich auf diesem einstigen Monopol-Markt geworden.

Chen Xiuhong brachte Karaoke als Geschäftsfeld nach China, doch der Grundstein wurde bereits lange vorher gelegt. Auch in China hatten sich schon Jahrzehnte zuvor gewisse Vorformen entwickelt, die den amerikanischen und japanischen Mitsing-Shows glichen. In Chengdu, der heute viertgrößten Stadt des Landes, begannen in den späten 1930ern,

Kinobesucher*innen mit den Stars auf der Leinwand mitzusingen, wenn mal wieder ein aufwühlendes Lied die Filmhandlung unterbrach (damit musste man in chinesischen Filmen immer rechnen).

Dass dieser Trend gerade in Chengdu entstand, kam nicht von ungefähr. Vor dem Zweiten Japanisch-Chinesischen Krieg, der 1937 ausbrach, war die Stadt eher ein verschlafenes, konservatives Nest. Doch ihre schwer einzunehmende Lage machte sie zunächst zu einem beliebten Refugium für Kriegsmüde, dann zogen die führenden Bildungseinrichtungen des Landes ebenfalls dorthin um. Mit den Universitäten kamen die Student*innen und mit den jungen Leuten neue Sitten und Bräuche. Kinos, wie sie nun in Chengdu auftauchten, waren in China damals eine Seltenheit. Um die Gunst des Publikums buhlend, ließen sich die Kinobetreibenden stets neue Spektakel einfallen. Eines ließ ausländische Filme von Gästen im lokalen Dialekt spontan übersetzen (meistens falsch, aber Hauptsache lustig). Ein anderes projizierte in Gesangsszenen die Liedtexte über den Film, um das Publikum aktiv zum Mitsingen zu animieren. Junge Menschen liebten es, so den Stars der Stunde nah zu sein. Später wurde Chengdu eine der ersten Städte außerhalb Japans, die Karaoke anboten.

Neben diesen Entwicklungen und der steigenden Popularität von japanischen Produkten wurde der chinesische Siegeszug von Karaoke auch von sozialen Faktoren beeinflusst. Zhou Xun und Francesca Tarocco argumentieren in ihrem Buch *Karaoke: The Global Phenomenon*, dass Karaoke in China klassische Familienstrukturen in einer Zeit unterstützte und festigte, in der sie durch die Widrigkeiten des modernen Lebens und zunehmende Generationskonflikte gefährdet waren. Folglich vermischte sich in China der typisch japanische Zeitvertreib auch schnell mit einem typisch chinesischen: Karaoke und Mah-Jongg gingen oft Hand in Hand. Genauso wie in englischen Pubs auf die Verquickung von Karaoke singen und Fußball gucken gesetzt wird. Kein Wunder, dass dabei auch länderspezifisches Vokabular entstand.

ANDERE LÄNDER, ANDERE WÖRTER

Obwohl der Begriff Karaoke international bekannt ist, haben sich in aller Welt unterschiedliche Bezeichnungen etabliert, die teilweise auf landesübliche Spezialitäten in der Ausübung verweisen. Ein Ausdruck aus dem Fachvokabular, der im Osten zusehends an Relevanz verliert, ist KJ, der*die Karaoke-Jockey. Im Westen hingegen, wo weiterhin lieber vor großem Haus als im kleinen Kreis gesungen wird, bleibt ein*e KJ nach wie vor vielerorts erhalten. Er*sie sagt die Lieder an, legt die Reihenfolge der Auftritte fest und sorgt für Stimmung. Bisweilen stellen Bars und Clubs, die eine*n KJ einstellen, darüber hinaus sogar verdeckte Karaoke-Sänger*innen ein, die einspringen, wenn die unbezahlte Kundschaft sich ziert.

Auf den Philippinen ist der Begriff *Videoke* gebräuchlich. Die Abkürzung KTV, die sich in China, Taiwan, Singapur und Kambodscha durchgesetzt hat, schlägt in eine ähnliche Richtung und verweist auf die Wichtigkeit des Fernsehschirms (Karaoke Television). Gemeint ist damit aber auch Karaoke in privaten Räumen mit Bildschirmen, im Gegensatz zum ursprünglichen, im Westen weiterhin bevorzugten Praktizieren in Bars und an anderen offeneren Orten.

Das koreanische Wort für Karaoke, *Noraebang*, macht diese Unterscheidung ebenfalls, und das sogar eindeutiger. Zumindest, wenn man Koreanisch kann. *Norae* heißt Lied, und *bang* bezeichnet einen Raum. Bevor sich die Südkoreaner*innen ähnlich wie die Japaner*innen zum Singen ins Semi-Private zurückgezogen haben, hieß Karaoke dort schlicht *Norae*. Anlässe zum Singen gibt es in der südkoreanischen Gesellschaft ähnlich viele wie in der japanischen, deshalb hat Karaoke beziehungsweise *Norae* sich dort ähnlich allumfänglich durchgesetzt.

WHO PUT THE K IN K-POP?

Der *Noraebang* ist derart tief im koreanischen Alltag verwurzelt, dass viele Koreaner*innen glauben, der Trend von der Karaokebar zur -box käme aus Korea, nicht aus Japan. Die erste japanische Karaoke-Box ist jedoch auf 1984 datiert. Karaoke an sich wurde in Korea erst im Zuge der Olympischen Spiele in Seoul 1988 populär. Das Konzept traf dabei von Anfang an auf offene Ohren, denn ein Großteil der Koreaner*innen braucht keinen ausgesprochen guten Grund, um das eine oder andere Lied zu schmettern.

Es wird streng zwischen zwei Arten von *Noraebang* unterschieden. Da ist zum einen die Variante fürs Singen ohne Altersbeschränkung, in der Eltern, Großeltern, Onkel und Tanten bereits Kleinkinder ans Mikrofon lassen, um Kinderlieder-Klassiker zum Besten zu geben (vor allem „Baby Shark"). Die andere Art von *Noraebang* ist auch als *Dallanjujom* bekannt, in etwa „fröhliches Trinkhaus", und kam erst in den 1990ern auf, denn es dauerte eine Weile, bis sich die zuständigen Behörden durchringen konnten, den Ausschank von Alkohol in Karaoke-Etablissements zu erlauben. Die Kombination, die in Japan zweifelsohne zur Popularität der Sache beigetragen hatte, war in Korea keineswegs von Anfang an eine Selbstverständlichkeit. In den *Dallanjujom* wird man zwar keine Minderjährigen antreffen und seltener mit „Baby Shark" konfrontiert, doch jung ist das Publikum hier auch. Student*innen schätzen sie als günstige Alternative zu Bars und Nachtclubs, außerdem gibt es wohl kaum eine bessere Möglichkeit, neue Kommiliton*innen näher kennenzulernen.

Die Koreaner*innen hatten Glück, dass Karaoke in Japan bereits seine Kinderkrankheiten auskurieren konnte. In Korea gab es beispielsweise nie das Problem, dass die Musik der Mitsing-Kataloge nicht nach dem Geschmack der Jugend war. Es gab zwar Volkslieder und Schnulzen für die ältere Generation, doch das Aufkommen koreanischen Karaokes ging Hand in Hand mit dem Aufkommen von K-Pop, wie wir ihn heute kennen. K-Pop und Karaoke schienen wie füreinander geschaffen. Hier kam eine neue Generation von Künstler*innen, denen künstlerischer Anspruch völlig fern lag und die keinen Hehl daraus machten. Bei K-Pop schlossen die Fans mit den Stars von Anfang an einen Pakt: Wir durchschauen den Zauber, sind aber trotzdem verzaubert. K-Pop-Stars und -Fans fanden nichts dabei, dass die Musik – ähnlich wie Karaoke-Instrumental-Tracks – von Maschinen produziert wurde und nicht das klassische Pop-und-Rock-Instrumentarium bemühte. Dass bei Live-Auftritten nicht unbedingt live gesungen wurde. Dass die Gruppen (von Bands im klassischen Sinne konnte keine Rede sein) reine Produkte ihrer Plattenfirmen waren, mit ganz offensichtlich (nicht wie sonst klammheimlich) zurechtgeschnittenen öffentlichen Images, vorgeschriebener Garderobe, vorgeschriebenen Tanzschritten und vorgeschriebenem Privatleben. K-Pop hatte den ständigen Kampf zwischen Kunst und Kommerz ein für alle Mal entschieden und kein schlechtes Gewissen dabei. Bei K-Pop ging es ums Geschäft, darauf hatte man sich nicht nur hinter den Kulissen geeinigt, sondern auch mit dem Publikum. Die Verwertung der Musik für Karaoke war von vornherein ein Teil des Geschäfts. Karaoke und K-Pop verhalfen sich in Korea gegenseitig zum Erfolg. Also in Südkorea, um genau zu sein, Nordkorea war da keineswegs mitgemeint.

KARAOKE HINTER DEM EISERNSTEN ALLER VORHÄNGE

Karaoke in Nordkorea ist schwer vorzustellen, gibt es aber. Und es unterscheidet sich, vermutlich, nicht großartig von japanischem oder südkoreanischem Karaoke. Selbstverständlich sind die Informationen, die uns dazu im Westen zur Verfügung stehen, außerordentlich dürftig. Wenn wer Informationen aus Nordkorea hinausschmuggelt, spielen Nachrichten über Karaoke-Gewohnheiten dabei meist nur eine untergeordnete Rolle. Bisweilen scheinen die wenigen Informationen, die zum Thema abfallen, sogar widersprüchlich. Mal ist die Rede davon, dass das Ganze dort illegal sei und vor entsprechenden Veranstaltungen gewarnt werde. In anderen Quellen wird es wiederum so dargestellt, als ob Karaoke-Räume Standardausstattung jedes Gasthauses seien und ein bisschen Gesang mit den Reiseleitern bei jeder zünftigen Nordkorea-Tour absolutes Pflichtprogramm sei – und nordkoreanische Reiseleiter haben meist eine sehr strenge Definition des Wortes Pflichtprogramm.

Natürlich müssen das keine Widersprüche sein. Was den Einheimischen verboten ist, muss es ausländischen Gästen längst nicht sein. Systemaffine Veranstalter von Nordkorea-Schnupperreisen wie Young Pioneer Tours werben tatsächlich mit Karaoke als Programmpunkt. Darüber hinaus gibt es glaubwürdige Berichte, nach denen in Pjöngjang *Noraebang* in stattlicher Anzahl zu finden seien. Außerdem ist verbürgt, dass Nordkorea 2001 während einer Hungersnot neben Ziegen, Mehl und Viehfutter in großer Menge auch zehn Karaoke-Maschinen per Schiff aus China erhielt. Das alles lässt Zweifel zu, ob Karaoke hinter dem eisernsten aller Vorhänge wirklich unter Strafe steht, solange das Liedgut stimmt.

Die Website *North Korea Tech* analysierte eine aus Nordkorea geschmuggelte Karaoke-Anlage. Die Hardware entpuppte sich als ein in China gefertigter und dort frei verkäuflicher Apparat mit Betriebssystem auf Android-Basis, das für nordkoreanische Anwender*innen lokalisiert worden war. Ob diese Lokalisierung bereits in China oder erst in Nordkorea vorgenommen wurde, war nicht festzustellen. Im Musikkatalog war an internationalen Nummern lediglich eine chinesische zu finden, ansonsten ausschließlich Lieder in koreanischer Sprache. Kurioserweise waren darunter mindestens zwei (sehr alte) Werbesongs südkoreanischer Technikunternehmen. Selbstverständlich ging es auch schon mal um Kimchi und Patriotismus. Das gesamtkoreanische Volkslied „Arirang", das bei seltenen Sportveranstaltungen mit vereinten koreanischen Teams die Nationalhymne ersetzt, war ebenso vertreten wie die staatliche nordkoreanische Girlgroup Moranbong Band, in deren Liedern es in erster Linie um die Großartigkeit Kim Jong Uns und des nordkoreanischen Militärs geht.

Karaoke wird somit sowohl in Nord- als auch in Südkorea zelebriert, und es hat die beiden Länder einander sogar schon einmal nähergebracht. Im August 2000 wurde es einigen nord/süd-getrennten Familien erlaubt, gemeinsam drei Tage lang in einem Reisebus mit Karaoke-Anlage zu feiern. Dabei wurden in erster Linie unverfängliche Lieder aus der Zeit vor der Spaltung angestimmt, aber genauso Lieder über eine herbeigesehnte Wiedervereinigung. Das ist durchaus ein Ziel, das beide Systeme zumindest offiziell verfolgen, wenn auch sicherlich unter unterschiedlichen Vorzeichen. Je allgemeiner entsprechende Liedtexte formuliert sind, desto leichter lassen sie sich von Nord und Süd gemeinsam singen. (Die vielbesungene Wiedervereinigung von Nord- und Südkorea, die sich insbesondere die Regierung in Seoul auf die Fahnen geschrieben hat, hat übrigens hinter vorgehaltener Hand einen deutlich niedrigeren Stellenwert, als manch südlicher Politiker öffentlich zugeben möchte. Sie befürchten einen zu kostspieligen und ebenso kulturell zu aufwendigen Anschluss des heruntergewirtschafteten und entfremdeten Nordens.)

In der Regel bringt das gemeinsame Singen Menschen einander also näher, doch Mitglieder der dort stationierten US-Truppen werden dabei in Südkorea gemieden und in *Noraebang* gemeinhin nicht gerne gesehen. Ihnen wird nachgesagt, dass sie untereinander zu viel kämpfen und den weiblichen Einheimischen gegenüber übergriffig werden.

GO WEST

In den USA verbreitete sich Karaoke zunächst mit der asiatischen Diaspora. Die ersten Maschinen wurden in Restaurants und Bars in den japanischen Vierteln von Großstädten aufgebaut, damit die ethnisch japanische Kundschaft Lieder aus der alten Heimat singen konnte. Gastronomische Betriebe anderer asiatischer Ethnien folgten, da Karaoke in deren Herkunftsländern ebenfalls längst zu großer Popularität gefunden hatte. Das machte irgendwann auch die nichtasiatischen Gäste neugierig.

Eine ähnliche Karriere legte Karaoke in Brasilien hin, wo seit dem frühen 20. Jahrhundert eine große japanische Minderheit lebt, die zur Gastarbeit auf den Kaffee-, Baumwoll- und Zuckerrohrplantagen gekommen war. In den 70ern blieb Karaoke dort betrunkenen Männern japanischer Abstammung vorbehalten, in den 80ern war schließlich das ganze Land überzeugt. Heute, so sagt man, singen japanisch-stämmige Brasilianer*innen in Brasilien am liebsten sentimentale japanische Lieder, während sie in Japan vor allem sentimentale brasilianische Lieder anstimmen.

1983 erwähnte die *New York Times* Karaoke zum ersten Mal. Der Anlass war allerdings kein Blick in die Little Tokyos und Chinatowns der Nation, sondern die bevorstehende Einführung von Karaoke-Anlagen für den Heimgebrauch. Was sich im Herkunftsland über Jahre vom halb improvisierten Nischenspaß zum Mainstream-Trend entwickelt hatte, sollte in den USA schnell von Millionen aufgenommen werden. Die japanische Firma Clarion hatte im Januar des Jahres auf der Consumer Electronics Show in Las Vegas eine vielversprechende Anzahl von US-Bestellungen aufgenommen. Bis in die Mitte der 80er waren auch amerikanische Firmen auf den Zug aufgesprungen und schnitten die Mitsing-Erlebnisse auf englischsprachige Klientel zu.

Bis zum Ende der 1980er wurden Karaoke-Maschinen dort allerdings weiterhin in erster Linie von Einkaufszentren, Bars und Restaurants gekauft, vor allem in großen Städten wie New York und Los Angeles mit großem asiatischen Bevölkerungsanteil. Nichtsdestotrotz etablierte sich der Begriff. 1992 ärgerte sich Präsident George Bush I. während einer Wahlkampagne über seine Konkurrenz: „Wir treten gegen die Karaoke-Kids an, die jedes Lied singen, das ihnen Stimmen bringt."

Als 2003 die Nachricht durchsickerte, Tom Cruise habe während einer Promo-Reise zur japanischen Premiere von *Der letzte Samurai* mit dem damaligen Premierminister Junichiro Koizumi hinter verschlossenen Türen Elvis-Songs geschmettert, wunderte das in der Heimat des Schauspielers kaum noch jemanden. (Koizumi ist als Elvis-Fan bekannt, er veröffentlichte sogar während seiner Amtszeit eine kommentierte

CD-Kompilation seiner Lieblingssongs.) Selbst die nächtlichen Amüsierbetriebe in amerikanischen Kleinstädten verzeichneten inzwischen eine Karaoke-Sättigung von fast fünfzig Prozent. Vorübergehend hatten die USA sogar ein regelmäßig erscheinendes Karaoke-Magazin.

Was in Japan der Entspannung nach Feierabend diente, wurde in den Vereinigten Staaten von vielen als Leistungssport kritisiert. Es sei eine Vorbereitung und möglicherweise eine Einstiegsdroge für die aufkommenden Casting-Shows im Fernsehen. Das Lifestyle-Magazin *Indianapolis Monthly* sah Teenager, „die sich der vagen Hoffnung hingeben, dass irgendwo im Schatten [...] jemand mit einer dicken Zigarre sitzt, der nur darauf wartet, sie zu entdecken".

Ganz abwegig war das nicht. R&B-Star Mary J. Blige begann ihre Karriere mit einem Demo-Band, das sie in einer Karaoke-Kabine aufgenommen hatte. Aus China hört man Ähnliches, und auf den Philippinen dienen zumindest Karaoke-Fernsehshows als Karrieresprungbretter. In Skandinavien wird auch massenweise zu den Mikrofonen gegriffen, nicht unbedingt für eine professionelle Laufbahn, aber dennoch mit großem Ehrgeiz.

FINN*INNEN SINGEN ERNSTER

Einer der schönsten japanischen Filme der Farbfilm-Ära spielt fast ausschließlich in Finnland. *Kamome Diner* von der Regisseurin und Autorin Naoko Ogigami handelt von drei Japanerinnen, die aus unterschiedlichen Gründen in Helsinki gestrandet sind und dort gemeinsam ein japanisches Café betreiben. Gegen alle Widerstände lernen sie und ihre anfangs spärliche Kundschaft, dass Finnland und Japan mehr als nur die Liebe zum Lachs verbindet. Um Karaoke geht es in *Kamome Diner* aber nicht, da unterscheiden sich die finnischen und japanischen Herangehensweisen vielleicht zu sehr. Es ist aber nicht so, dass die Finn*innen nichts für Karaoke übrighätten. Ganz im Gegenteil. Sie nehmen Karaoke ernst, sehr ernst. Zu ernst für so manche*n Japaner*in.

Japaner*innen haben Karaoke erfunden, Finn*innen haben die Karaoke-Weltmeisterschaften erfunden (eine Landesmeisterschaft gibt es obendrein). Das passte Japan zuerst gar nicht, denn laut führenden Karaoke-Experten sei dieses eben nicht dazu gedacht, mit anderen in einen Wettbewerb zu treten. Zumindest nicht in einen streng reglementierten, der womöglich mit rigorosem Training, verbohrtem Konkurrenzdenken, dramatischen Siegen und Demütigungen verbunden sein kann. Deshalb blieb Japan der Veranstaltung zunächst demonstrativ fern. Wie die meisten Länder. Trotz des großspurigen Titels waren bei der Premiere im Jahr 2003 nur sieben Nationen vertreten.

Das hat sich geändert. Um die dreißig Länder treten nun alljährlich an wechselnden internationalen Austragungsorten an. Sogar Japan ist inzwischen dabei. 2019 – im Jahr vor der zweijährigen Pandemie-Pause, in der der Wettkampf online ausgetragen wurde – fand das Meister*innensingen sogar in Tokio statt. Bisher gingen drei Medaillen an Japan (zweimal für männliche Solisten, einmal in der Duo-Kategorie). Das reicht noch nicht zum Prahlen. Die Meister*innen unter den

Karaoke-Weltmeister*innen sind laut Statistik die USA mit fünf Solo-Goldmedaillen, gefolgt von Australien, Panama, dem Vereinigten Königreich und dem Libanon, die sich mit jeweils drei Gold-Auszeichnungen den zweiten Platz teilen.

In Finnland ist man auch außerhalb der Weltmeisterschaft ehrgeizig. Immer wieder wird versucht, Rekorde im Langzeitsingen aufzustellen. Einmal gelang das sogar, doch sechs Tage danach überbot ihn China. Später holte Finnland sich den Titel zurück (mithilfe der Band Lordi), nur um ihn dann wieder an die USA zu verlieren.

Von dem einen oder anderen finnischen Rekordversuch erzählt die Videoreportage *Wenn Finnen singen*, die im Internet zu finden ist. Darin kommt außerdem ein Musiker und ehemaliger Karaoke-Liebhaber zu Wort, der sich kritisch äußert: „In Finnland ist Karaoke aus dem Ruder gelaufen." In Deutschland hingegen läuft Karaoke eher mit dem Rudel.

DIE MIT DEN WÖLFEN HEULEN

Deutsche singen gerne, aber nicht gerne allein. Während man sich in Japan fürs Karaoke-Vergnügen heutzutage bevorzugt ins private Kämmerlein zurückzieht, geht man in Deutschland gänzlich gegenteilige Wege. Da haben die Deutschen mehr mit den Finn*innen gemein.

Das Rudelsingen ist eine Erfindung aus Deutschland. Genauer gesagt aus Münster, wo es 2011 zum ersten Mal stattgefunden hat. Seitdem ist es aus Stadthallen und von Marktplätzen bundesweit nicht mehr wegzudenken. Mit Karaoke im eigentlichen Sinne hat das nicht mehr viel zu tun, da die Einzelleistung kaum noch rauszuhören ist, wenn Tausende „Sweet Caroline" grölen (der Akzent seltsamerweise schon). Auch kann man schwerlich selbst bestimmen, was als Nächstes gesungen wird; man muss dem Rudel folgen. Beziehungsweise den Musiker*innen auf der Bühne, denn Rudelsingen ist eigentlich ein Konzert, bei dem einem niemand auf die Schulter tippt und „Pssst!" sagt. Die Musik wird live gespielt, und sogar professionelle Sänger*innen singen gemeinsam mit dem Publikum.

Das Rudelsingen ist das Geisteskind des Musikers David Rauterberg. Man könnte sagen: ohne ihn kein Rudelsingen. Doch Rautenberg kann nicht überall sein, und die Nachfrage ist groß, deshalb hat er inzwischen verschiedene Teamleads zur parallelen Rudelbetreuung instruiert. Deutschland singt aber nicht nur beim originalen Rudelsingen in Gruppen. Andere Veranstaltungen heißen einfach anders, gehen aber genauso. Unter dem Titel *Sing mal mit!* bietet der Musiker Johannes Brand ähnlich massenkompatible Liederabende. Zur Zeit der Niederschrift pausierte Brand zwar seine Mitsing-Tournee, er blieb allerdings auf Einzelveranstaltungen weiterhin ansprechbar.

Generell geht es bei Veranstaltungen wie denen von Rauterberg und Brand recht entspannt zu. Doch wo sich Massen zum Singen versammeln, kann auch massiver Ehrgeiz entstehen.

WELTWEITES REKORDSINGEN

Bei der deutschen und skandinavischen Vorliebe fürs Singen in großen Gruppen ist es schon ein wenig verwunderlich, dass die amtlichen Karaoke-Weltrekorde nicht von ebendort kommen, sondern oft aus geografischen Ecken, die ansonsten nicht auf der Karaoke-Landkarte verzeichnet sind. Ungarn zum Beispiel hält den Rekord im Nonstop-Singen mit mehreren Beteiligten (etwas über 42 Tage). Der ausdauerndste Einzeltäter ist in Italien beheimatet.

Dass Italiener*innen Karaoke-kompatibel sind, wäre angesichts des ihnen nachgesagten Temperaments naheliegend. Und doch scheint sich in ihrer Heimat keine Karaoke-Kultur entwickelt zu haben, die sich nennenswert von der in anderen Ländern unterscheidet. Ein Italiener machte mit seinem Hobby allerdings internationale Schlagzeilen. Am 19. September 2011 begann Leonardo Polverelli im Astra Caffe in der Hafenstadt Pesaro zu singen und hörte erst am 23. September wieder auf. In 101 Stunden, 59 Minuten und 15 Sekunden schaffte er 1.295 Lieder. Während der Veranstaltung wurden Spenden für gute Zwecke gesammelt. Die Musik hatte Polverelli danach nicht über. Er ist noch immer Musiker, spielt live und vertreibt über seine Website seine eigenen CDs, neben selbst geschriebenen Büchern über UFOs und Engel. Für mehr als ein paar Sekunden Weltaufmerksamkeit reicht so ein Guinness-Weltrekord offenbar nicht (mehr).

Ein Land, das man beim Thema Karaoke vermutlich eher auf der Karte hat als Ungarn oder Italien, hält den Rekord für die Karaoke-Session mit den meisten Teilnehmern: die

USA. Selbstverständlich half dabei ein Country-Song. Und selbstverständlich hatte das Ganze etwas mit Autos zu tun. Am 22. August 2009 versammelten sich 160.000 auf der Autorennstrecke Bristol Motor Speedway in Bristol, Tennessee. In erster Linie waren sie wohl gekommen, um sich ein Nascar-Autorennen anzusehen. Aber wo sie schon einmal da waren, wurde erfolgreich ein Rekordversuch im Karaoke-Singen gestartet. Aus 160.000 Kehlen erklang das Lied „Friends in Low Places", geschrieben von Earl Bud Lee und Dewayne Blackwell und am gewinnbringendsten interpretiert von Country-Megastar Garth Brooks.

Guinness World Records, das Unternehmen, das diesen und andere Karaoke-Rekorde verifiziert hat, ist dafür bekannt, seine Arbeit sehr gewissenhaft zu verrichten. Dennoch muss die Frage gestattet sein, wie es so genau feststellen konnte, ob wirklich alle 160.000 mitgesungen haben. Oder reichte die Anwesenheit allein für den Eintrag ins Rekordbuch? Guinness listet übrigens über 1.400 Rekorde zum Stichwort „Karaoke". Ein Großteil davon hängt jedoch nur mit schnöden Verkaufszahlen und Bewertungen von Produkten aus diesem Bereich zusammen und nicht mit spektakulären menschlichen Leistungen.

Man kann die kritischen Stimmen verstehen: All diese Bestrebungen, Karaoke zu versportlichen und damit strengen Regeln zu unterwerfen, laufen eigentlich dem Ausgangsprinzip entgegen. Karaoke sollte gerade kein Wettbewerb, die Darbietungen nicht um Perfektion bestrebt sein. Es handelt sich um einen Spaß nach getaner Arbeit. Mit Karaoke als Hochleistungssport artet dieser wieder in Anstrengung aus.

Vielleicht liegt es in seiner Natur, dass der Mensch aus jedem Spaß irgendwann bitteren Ernst machen muss. Schön, wenn das immerhin zu angenehmer Musik geschieht.

WAS DIE WELT SINGT

Die Frage nach dem weltweit beliebtesten Karaoke-Song ist nicht leicht zu beantworten. „My Way" wäre ein offensichtlicher Favorit, doch taucht die durch Frank Sinatra popularisierte englische Version eines französischen Chansons auf den meisten Hitlisten eher unter ferner liefen auf. Offizielle Ranglisten gibt es in den wenigsten Ländern. Da müssen wir uns von Land zu Land auf unterschiedliche Quellen unterschiedlicher Seriosität verlassen. Dennoch stechen einige Nummern und Trends heraus. Dazu gehört auch, dass die vordersten Plätze oft von lokalen Künstler*innen eingenommen werden, die international keinen großen Stellenwert haben. Oder kennen Sie Chris Stapleton und seinen Gassenhauer „Tennessee Whiskeyey"? In den USA offenbar eine große Nummer, der Mann wie das Lied. Letzteres war 2023 der dort meistgesungene Karaoke-Song. Daran lassen sich mehrere Eigenheiten von Karaoke ablesen. Zum einen, dass der japanische Zeitvertreib längst vollständig lokalisiert ist. Obwohl fast jeder weiß, dass Karaoke aus Japan kommt, besteht – anders als bei anderen popkulturellen Japan-Exporten – niemand auf eine allzu authentische Übernahme. Jeder Mensch wird in seiner Muttersprache am emotionalsten angesprochen, unabhängig davon, wie gespalten er sein Verhältnis zu seinem Vaterland verstanden wissen möchte. Also singt auch jeder Mensch am emotionalsten in seiner Muttersprache. Da wundert es kaum, dass unter den populärsten Songs im deutschsprachigen Raum neben einigen wenigen internationalen Hits vor allem Schlager-Kracher wie Helene Fischers „Atemlos durch die Nacht", Rammsteins antiamerikanisches Stimmungslied „Amerika" oder NDW-Evergreens wie Peter Schillings „Major Tom (Völlig losgelöst)" zu finden sind. In Österreich singt man ebenfalls gerne Helene Fischer, doch mit Nummern des Holstuonarmusigbigbandclubs (HMBC) sowie von Seiler und Speer ist Mundartliches ebenso vertreten.

Die Popularität von Stapletons Country-Ballade in den USA zeigt außerdem auf, wie stark Country und Karaoke dort verbunden sind. Somit erzählt Karaoke selbst eine vorbildliche amerikanische Einwanderungsgeschichte: eingereist aus dem fernen Osten, zunächst aufgenommen in der asiatischen Diaspora und schließlich fest verankert im Milieu von Cowboy-Hüten und Squaredance.

Die Beliebtheit von „Tennessee Whiskey" sagt darüber hinaus einiges über die gute Beziehung zwischen Alkohol und Karaoke. Obgleich Karaoke sich im Herkunftsland längst von diesem Zusammenhang freigespielt hat, konnte es in den meisten westlichen Ländern (und einigen asiatischen) seinen Ursprung als Kneipen-Vergnügen nie ganz abschütteln. Das hat sicherlich auch mit der Überwindung gewisser Hemmschwellen zu tun: Ohne Alkohol traut sich kaum jemand ans Mikrofon. Im Text von „Tennessee Whiskey" wird nicht nur das Titelgetränk gewürdigt, sondern ebenso jede Menge andere geistige Getränke. Eine zu vernachlässigende Feinheit, dass es im Lied um die Überwindung all dieser Spirituosen geht, denn die Geliebte sei ja viel lieblicher als sie alle zusammen, so Stapleton im Songtext. (Dass „Tubthumping", der einzige Mainstream-Hit der britischen Band Chumbawamba, ein Antitrinklied war, hielt seinerzeit schließlich auch keinen Trinker vom Mitgrölen ab.)

Obwohl speziell Country-Musik an der Spitze der Karaoke-Charts eine US-spezifische Eigenheit ist und in ziemlich jedem Land lokale Interpreten stark auf den vordersten Plätzen vertreten sind, sind die USA äußerst erfolgreiche Karaoke-Exporteure. Ein global häufig gesungener Golden Oldie ist das schwelgerische „Sweet Caroline" von Neil Diamond. Selbst in Großbritannien sucht man Beatlemania in den Top Ten vergebens, und Britpop etwas modernerer Ausprägung muss sich mit einem einzigen Eintrag unter den ersten zehn zufriedengeben („Wonderwall" von Oasis auf der 8). Auf Platz 1 findet sich die theatralische amerikanische Poprock-Band The Killers mit „Mr. Brightside". (Chartsbeobachter*innen werden wahrscheinlich wenig überrascht sein, stand die Nummer doch seit 2004 ganze 333 Wochen in den UK-Single-Charts – ein Rekord.)

Theatralik bietet sich bei Karaoke freilich an. So steht „Bohemian Rhapsody" von Queen nahezu weltweit ganz weit oben in der Gunst von Freizeitsänger*innen (auch in der britischen Heimat der Band). Ein kleines bisschen erstaunlich ist das schon angesichts der Komplexität und Sperrigkeit des Songs. Wer sich an die Welt vor dem Film *Wayne's World* (1992) erinnert, wird sich womöglich ebenfalls daran erinnern, dass die Nummer damals allenfalls Vollblut-Fans von Queen bekannt war. Im musikalischen Mainstream spielte sie keine große Rolle, bevor ihr in der US-Teenager-Klamotte in einer denkwürdigen Proto-Karaoke-Szene gehuldigt wurde. Das Mainstream-Publikum war in Sachen Queen bis dahin bei „We are the Champions" hängen geblieben. Objektiv betrachtet eine viel geeignetere Karaoke-Nummer.

Ganz offizielle Karaoke-Landescharts gibt es natürlich in Japan. Gemessen und veröffentlicht werden sie von der Firma Oricon (Original Confidence), die im Dienst der Musikindustrie ebenfalls für die Erhebung von Singles- und Alben-Charts zuständig ist. In den Karaoke-Jahrescharts der 2020er und 2010er findet sich kein einziger nichtjapanischer Act unter den ersten zehn. Zwar wird von Japaner*innen oft angegeben und angenommen, dass Karaoke ihnen beim Fremdsprachenlernen helfe. In der Überzahl scheinen die derart Lernwilligen aber nicht zu sein.

Überraschender als das Fehlen englischsprachiger Interpret*innen ist womöglich die Abwesenheit von K-Pop-Acts. Sie sind in Japan längst mehr als nur ernst zu nehmende Konkurrenz für den einheimischen J-Pop geworden, der sich ästhetisch und musikalisch immer stärker am K-Pop orientiert, um nicht ins Abseits zu geraten. Im Gegenzug singen viele koreanische Boy- und Girlgroups ihre Hits für diesen wichtigen Markt auch in japanischen Versionen ein und haben damit durchschlagenden Erfolg. Dennoch dominieren die Karaoke-Charts Nummern von etablierten einheimischen Stars und Songs, die aus Zeichentrickserien und -filmen bekannt sind. In den letzten Jahren sind verstärkt auch Lieder dabei, die sich zunächst über soziale Medien viral verbreitet haben (oft einhergehend mit eingängigen und vielfach imitierten Dance-Moves), bevor sie es in die altehrwürdigen

Verkaufscharts geschafft haben. Im wertekonservativen und nur langsam wandelbaren Japan ist diese Verquickung von Musikgeschäft und Internet ein recht junges Phänomen. Es ist noch gar nicht so lange her, dass einige japanische Stars erste zaghafte Versuche mit eigenen Social-Media-Accounts machten, während anderswo auf der Welt bereits die meisten Musiker*innen mehr twitterten als trällerten und Einnahmen eher aus YouTube-Tantiemen denn Tonträgerverkäufen kamen.

Auffällig bei den Lieblingsliedern der Welt ist die weitgehende Abwesenheit von Rap und Hip-Hop (vorausgesetzt DJ Ötzi zählt nicht). An einer mangelnden Beliebtheit der Gattung wird es sicherlich nicht liegen, ansonsten hätten uns die Hitparaden jahrzehntelang nur belogen und betrogen. Vielleicht hat es denselben Grund, aus dem höchstwahrscheinlich auch Opernarien so selten bei Karaoke nachgefragt werden: Das kann eben nicht jede*r. Wenn in Hörweite gerappt wird, kommt vielen Kulturbanaus*innen dennoch über die Lippen oder zumindest in den Sinn: „Also, DAS bekomme ich auch noch hin." Der Selbstversuch allerdings zeigt: Es ist viel leichter, zu einer Melodie zu singen, als zu einem Beat zu rappen. Auch wenn das melodiöse Singen mancherorts mehr Gewaltpotenzial birgt als der wüsteste Gangsta-Rap.

Track 8
Karaoke, Mord & Todschlag

Auch wenn Skeptiker*innen es nicht wahrhaben wollen: Karaoke macht meistens gute Laune, selbst wenn wir uns zunächst demonstrativ sträuben. Doch es gibt immer wieder dramatische Ausnahmen. Eine ungute Mischung aus Wettbewerbsgehabe, Alkohol, gekränktem Stolz und geschmacklichen Meinungsverschiedenheiten führt in aller Welt immer wieder zu Handgreiflichkeiten. Und in gar nicht mal so wenigen Fällen nehmen die einen tödlichen Ausgang.

DIE MY-WAY-MORDE NEHMEN IHREN LAUF

Es kommt nicht von ungefähr, dass es ein philippinischer Geschäftsmann war, der sich die weltweiten Patentrechte am Karaoke-Prinzip gesichert hatte. Seine Heimat war im Zweiten Weltkrieg japanisch besetzt und pflegte danach einen regen diplomatischen, humanitären, kulturellen, wirtschaftlichen und touristischen Austausch mit Japan. Das Freizeitvergnügen setzte sich dort ähnlich schnell durch wie im Herkunftsland, allerdings unter dem Namen *Videoke*. Vielleicht gelangte es sogar zu größerer Bedeutung. Viele Philippinos und Philippinas sehen laut der Tageszeitung *Philippine Daily Inquirer* darin die einzige Möglichkeit, sich frei auszudrücken. Die eigene Karaoke-Maschine sei vielen wichtiger als die eigene Toilette.

Da nimmt es kaum Wunder, dass Philippinas und Philippinos Karaoke ernster nehmen als Japaner*innen, vielleicht sogar ernster als Finn*innen. Japaner*innen mögen in mancherlei Hinsicht zum Perfektionismus neigen, doch sie singen lediglich aus Spaß und bilden sich mehrheitlich nichts auf ihre Gesangskünste ein. In Finnland geht es oft mehr um die Masse als um die Klasse. Die Menschen der Philippinen sind hingegen stolz auf ihre Stimmbänder. Und sie haben empfindliche Ohren. So begeistert sie von ihrem eigenen Gesang sein können, so unbarmherzig urteilen sie über die falschen Töne anderer. Besonders, wenn die zu laut daherkommen. Und Karaoke muss auf den Philippinen immer extrem laut sein. Sonst ist es laut *Inquirer* kein Karaoke.

Manchmal eskaliert es. Zwischen 2002 und 2012 mussten nicht weniger als zwölf Menschen ihr Leben lassen, weil sie den Sinatra-Klassiker „My Way" sangen. Das ist mehr als eine Leiche pro Jahr, Dunkelziffer womöglich höher. Das Phänomen wurde als die „My-Way-Morde" zu einem geflügelten Wort.

Keineswegs alle My-Way-Morde hatten etwas mit schrägen Tönen zu tun, und nicht alle wurden von alkoholisierten Karaoke-Amateuren begangen. Zu den Mordmotiven zählte auch eine zu lange Wartezeit, weil der Möchtegern-Sinatra das Mikrofon nicht hergeben wollte, oder unentwegtes Singen, wenn

„My Way" auf Repeat geschmettert wurde. Ein talentloser, aber ausdauernder Sänger wurde vom genervten Wachtposten einer Karaoke-Bar, der irgendwann genug gehört hatte, mit der Dienstwaffe erschossen. Derart kontrovers ist das Lied in seiner Prä-Karaoke-Historie nie gewesen, obwohl die bereits von Missgunst und Unmut geprägt ist.

VON PAUL ANKA ZU SID VICIOUS

„My Way" ist eine von Paul Anka geschriebene amerikanische Coverversion des französischen Chansons „Comme d'habitude" aus der Feder von Claude François, Jacques Revaux und Gilles Thibaut. Anka ist mit seiner Version übrigens David Bowie zuvorgekommen, der ebenfalls eine Übersetzung geschrieben hatte, sich aber nicht rechtzeitig die englischen Rechte sichern konnte (Bowies „Life on Mars?", das stark an „Comme d'habitude" angelehnt ist, war eine trotzige Reaktion darauf). Ankas Version ist neben „New York, New York" sicherlich eines der bekanntesten und beliebtesten Lieder aus dem Programm von Frank Sinatra, obwohl es zunächst in den USA kein großer Erfolg war – die 27 war seine höchste Platzierung in den Single-Charts. Sinatra selbst mochte es nicht sonderlich und versuchte mehrfach, es loszuwerden. Doch wie Michael Corleones Familienpflichten kehrte es immer wieder zu ihm zurück und wurde im Winter seiner Bühnenkarriere zu einem gewohnheitsmäßigen, bedeutungsaufgeladenen Rausschmeißer seiner Konzerte. Darüber hinaus wurde es aus nachvollziehbaren Gründen zu einem Karaoke-Klassiker. Der

Text über ein unbeugsam gelebtes Leben nach eigenen Regeln lässt sich leicht aneignen. Das haben über die Jahrzehnte auch viele andere Künstler*innen von Cliff Richards bis Nina Hagen getan, bisweilen mit leicht geänderten Textzeilen. Besonders nachhaltig ist die Version des Sex-Pistols-Bassisten Sid Vicious im Film *The Great Rock 'n' Roll Swindle* in Erinnerung. Beim Singen entledigt er sich mit einer Handfeuerwaffe seines Publikums. Es wirkt heute fast wie eine künstlerische Vorwegnahme der philippinischen My-Way-Morde.

Die japanische Rockband Kishidan kam mit ihrer Provokation schon ein bisschen spät, als sie 2007 zum zehnjährigen Bandjubiläum eine rockige Cover-Version des Songs auf Japanisch einspielte, in dessen Video der Sänger erschossen wird – eine Reaktion auf die Ereignisse auf den Philippinen. (Es blieb nicht die einzige geschmackliche Entgleisung der Band. 2011 mussten sich die Mitglieder für einen Fernsehauftritt in Nazi-Uniformen entschuldigen. Auch da war ihnen Sid Vicious in seinem Hakenkreuz-T-Shirt zuvorgekommen.)

DIE NATION SINGT, DIE JUSTIZ SCHWEIGT

Auf den Philippinen galt es in den betreffenden Jahren verständlicherweise als gefährlich, den Song zu singen. Ab 2007 nahmen ihn einige Karaoke-Betriebe in Manila aus dem Programm. Manche sangen ihn nur noch in privaten Kabinen, aber nicht in der Öffentlichkeit. Einige Bars heuerten diplomatische Vermittler an, um etwaige Streitigkeiten zu schlichten. Laut der philippinischen Ausgabe des Magazins *Esquire* waren das vor allem „schwule oder effeminierte Männer oder Transfrauen". Die Praxis geht auf traditionelle philippinische Schamanen zurück, die sogenannten Babaylan, die meistens biologische Frauen oder Transfrauen waren. Sie waren als Mittler*innen zwischen der dinglichen und spirituellen Welt tätig und genossen hohes gesellschaftliches Ansehen, was unter anderem bedingte, dass sie bei Gewalthandlungen ausgespart blieben.

Nach 2012 schien es, als sei die Gefahr gebannt. Doch im Jahr 2016 gab es nach vierjähriger Pause einen weiteren Fall. Während einer Geburtstagsfeier wurde ein 60-jähriger Sänger von einem 28-jährigen Nachbarn erstochen, weil er diesem just in dem Moment das Mikrofon entrissen hatte, als er „My Way" singen wollte.

Jetzt endlich rührte sich die Justiz. Im Kongress wurde ein Gesetzesentwurf zur Regulierung von Karaoke-Veranstaltungen verhandelt. Darin wurde unter anderem vorgeschlagen, sie in Wohngebieten lediglich zwischen acht Uhr morgens und zehn Uhr abends zuzulassen. Außerdem sollte die zulässige Lautstärke eingeschränkt werden. Bei Zuwiderhandlungen waren Geld- oder Gefängnisstrafen von bis zu sechs Monaten vorgesehen.

Doch gebracht hat es nichts. Das Gesetz wurde nicht verabschiedet. Vermutlich wurde es als unnötig erachtet, weil es auf den Philippinen bereits (recht vage formulierte) Gesetze gegen Ruhestörung gab.

Nichtsdestotrotz ist in Teilen der Bevölkerung und der Medienlandschaft die Erkenntnis gewachsen, dass eine Regulierung von Karaoke beziehungsweise Videoke nötig ist. Ein Leitartikel aus dem *Philippine Daily Inquirer* vom 27. Dezember 2022 lässt zwar keinen Zweifel daran, dass ein Weihnachtsfest ohne Karaoke völlig undenkbar sei. Gleichwohl werden Tipps gegeben, wie das zukünftig ohne Mord und Totschlag vonstattengehen könnte. So solle man seine Nachbarn zum eigenen Singfest einladen, und falls diese das Angebot ausschlügen, verköstige man sie zumindest mit Snacks. Nachbarschaftliche Beziehungen seien dauerhaft zu pflegen, steht dort geschrieben, denn sie seien wie ein Fahrrad: Wer nicht regelmäßig in die Pedale tritt, fällt hin.

Den Kampf gegen Lärmbelästigung, insbesondere durch Karaoke, hat sich eine Gruppe namens „Anti-Noise Crusaders of the Philippines" auf die Fahnen geschrieben. Auf Facebook hat sie über 20.000 Follower. In einem offiziellen Statement heißt es: „Die Lärmbelästigung hat auf den Philippinen überhandgenommen, verursacht durch die unverantwortliche Nutzung von Videoke-Maschinen, die von unregulierten Videoke-Anbietern verliehen werden. Darüber hinaus entsteht zusätzliche Lärmbelästigung durch die Hauspartys, bei denen diese Maschinen eingesetzt werden, mit störender Musik und Basstönen und dem lauten Gelächter Betrunkener. In den meisten Fällen werden umliegende Gassen und Straßen zu Erweiterungen der Häuser, und die Feiern verlagern sich nach außen." Die Gruppe macht im Weiteren klar, dass ihr auch zu laute Kirchenglocken und Gottesdienste sowie Haustiere und Kraftfahrzeuge ein Dorn im Ohr sind, außerdem Freiluft-Zumba-Sessions und Basketballspiele. Doch dass Karaoke die erste und ausführlichste Stelle auf der Liste einnimmt, macht deutlich, wie tief verwurzelt das Phänomen in der philippinischen Gesellschaft ist und wie problematisch das sein kann.

Doch warum erhitzt ausgerechnet „My Way" die philippinischen Gemüter so stark? Stecken im Text etwa düstere Botschaften? Oder ist der Song lediglich Nebensache? Ein zufälliger Soundtrack zu gewalttätigen Ausschreitungen, wie sie in einer typisch philippinischen Mischung aus Machismo, Alkoholmissbrauch und Karaoke-Begeisterung an der Tages- beziehungsweise Nachtordnung stehen? Darüber streitet man im Expert*innenlager. Fest steht, dass Karaoke im Land allgegenwärtig ist, von den Hotelbars der Großstadt bis ins kleinste Dorf. Gerade für die Ärmsten, und das sind nicht wenige, ist es nahezu die einzige Art von erschwinglicher Unterhaltung – ein Song aus einer öffentlichen Karaoke-Maschine kostet fünf Philippinische Pesos, ungefähr acht Cent. Sinatras Songs sind dabei besonders beliebt, und unter denen insbesondere „My Way". Für knapp fünf Minuten kann sich jede*r aus der eigenen Misere hinwegwünschen und vorgeben, er*sie wäre Sinatra, der es einfach so „auf seine Art" gemacht hat.

Butch Albarracin, Leiter einer Musikschule in Manila, gab dem Song zumindest eine Mitschuld an den tragischen Ereignissen, die etliche urbane Legenden in seiner Heimat befeuerten. 2010 erzählte er der *New York Times*: „,I did it my way' – das ist so arrogant. Der Text erweckt beim Singen Gefühle von Stolz und Überheblichkeit. Auch wenn du niemand bist, kannst du dich plötzlich wie jemand fühlen. Man übergeht dabei leicht seine Fehler. Deswegen führt das Lied zu Auseinandersetzungen." Im selben Artikel macht der Popkultur-Experte Roland B. Tolentino in erster Linie die ohnehin sehr gewalttätige philippinische Gesellschaft verantwortlich, immerhin kursiert eine Million illegaler Feuerwaffen in der Zivilbevölkerung. Er kommt aber auch nicht umhin zu befinden, dass die „triumphalistische Natur" des Liedes ohnehin schon gewalttätige Stimmungen weiter anheizen könnte.

Zumindest im Fall mit der höchsten Medienwirksamkeit gab es wohl andere Motive als zweifelhafte Textbotschaften, schlechten Gesang oder sonstige Verstöße gegen die Karaoke-Etikette. Bei einer Weihnachtsfeier wurden ein Lokalpolitiker und sein Assistent von einem Killer-Kommando auf Motorrädern niedergeschossen, als der Politiker den Klassiker zum Besten gab. Der Sänger war auf der Stelle tot, der Assistent überlebte schwer verletzt. Sofort kamen Gerüchte auf, das Mordopfer hätte sich auf zwielichtige Geschäfte mit Drogenhändlern und Unterweltgrößen eingelassen. Seine Familie streitet das ab und bezichtigt politische Rivalen, hinter dem Anschlag zu stecken. Frank Sinatra beziehungsweise seinem Texter Paul Anka gab diesmal niemand die Schuld. Nichtsdestotrotz nährte der Vorfall den Ruf des Songs, verflucht zu sein. Dabei waren mittlerweile in anderen Teilen der Welt ganz andere Karaoke-Lieder in Gewaltakte verwickelt.

COUNTRY-ROADS-RAGE

Die meisten Karaoke-Gewalttaten scheinen in Asien stattzufinden, und dort nicht nur in Ländern wie den Philippinen, deren Straßen ohnehin als heiße Pflaster bekannt sind, sondern mitunter auch in Ländern, deren Menschen im Westen einen äußerst friedfertigen Ruf genießen. In Thailand endete eine Karaoke-Auseinandersetzung in einem regelrechten Blutbad mit acht Toten – ausgerechnet zu den milden Country-Klängen von John Denvers „Country Roads". Ein Nachbarschaftsstreit war der Bluttat vorausgegangen. Der Forstarbeiter Weenus Chumkamnerd, 52, hatte sich bei seiner Nachbarin, einer 36-jährigen Ärztin, über ihre ausufernden Karaoke-Partys beschwert. Er hatte sogar gedroht, sie und ihre Gäste zu erschießen, so sie kein Einsehen haben sollten. Tragischerweise wurde diese Drohung wohl nicht ernst genommen, und sie haben fröhlich weitergefeiert. Da schnappte sich Chumkamnerd seine Pistole und erschoss die Ärztin sowie sieben ihrer Gäste. Darunter sogar der Schwager des Täters, den er von seinem Sohn schnell ins Krankenhaus bringen ließ, allerdings zu spät. Ohrenzeugen sagten aus, dass die Feiernden größtenteils thailändische Popsongs und traditionelle regionale Balladen in vertretbarer Lautstärke gesungen hätten, aber bei „Country Roads" nicht mehr an sich halten konnten.

Der Vorfall fand nahe der Grenze zu Malaysia statt. Auch das Nachbarland machte schon unschöne Karaoke-Schlagzeilen. Im Dezember 2005 war Abdul Sani Doli in einem Café mit Karaoke-Maschine so angetan von seinem eigenen Auftritt, dass er das Mikrofon nicht hergeben wollte. Selbst dann nicht, als drei Gäste, die ebenfalls singen wollten, ihn unfreundlich darum baten. Sie rissen das Mikro zwar nicht gewaltsam an sich, stellten ihn aber hinterher vor dem Café zur Rede. Es blieb nicht bei Worten, sondern kam zu einer Schlägerei, die Abdul Sani Doli nicht überlebte. Zwei seiner drei Widersacher wurden wegen Mordverdachts festgenommen. Welche Lieder er zuvor vorgetragen hatte, ist nicht überliefert.

In China war es 2012 ein Kleinkind, das einen tödlichen Familienstreit auslöste, als es das Mikrofon nicht aus den Fingerchen lassen wollte. Dem Kind geschah glücklicherweise nichts, doch zwei Onkel ließen ihr Leben, weil sie die Eltern ruppig bezichtigt hatten, ihr Kind zu sehr zu verwöhnen und zu einem „kleinen Kaiser" heranzuziehen, wie es im Landesjargon heißt. Ein Neffe des Kindesvaters beendete die Diskussion mit einem Fleischermesser.

Bisweilen bekommen auch ausländische Touristen die sogenannte Karaoke-Wut zu spüren. 2013 traf es einen Amerikaner in Thailand. In der Karaoke-Bar Little Longhorn Saloon im Urlaubsort Ao Nang wollte der Texaner Bobby Ray Carter gar nicht mehr mit dem Singen aufhören, was die Band, die gerade spielte, äußerst irritierte. Zuvor hatte es Streitereien zwischen Carter und den Musikern gegeben, weil diese „Hotel California" spielten anstatt des Liedes, das er sich gewünscht hatte. Aus den Berichten zum Fall geht nicht hervor, ob die Band an jenem Abend als ausdrückliche Karaoke-Begleitband auftrat oder lediglich ein Wunschkonzert spielte. Auf jeden Fall ließ Parker es sich nicht nehmen, lautstark „Hotel California" zu singen und damit auch nicht aufzuhören, als die Band eine Pause machte. Schließlich verlangte er noch das Trinkgeld zurück, das er den Musikern zuvor zugeschoben hatte. Nachdem der 51-Jährige und sein 27-jähriger Sohn die Bar verlassen hatten, gerieten die beiden draußen erneut mit den Bandmitgliedern aneinander. Einer von ihnen stach zweimal mit einer angespitzten Metallstange auf den älteren Parker ein, woraufhin der verstarb.

Zum Glück gehen nicht alle Handgreiflichkeiten aufgrund von Karaoke-Meinungsverschiedenheiten tödlich aus. Einer der ersten dokumentierten Fälle von Karaoke-Wut ereignete sich ausgerechnet in Japan, oft als „das sicherste Land der Welt" gepriesen. 1977 machte der Fall Schlagzeilen und rief die erwartbaren Mahner und Warner auf den Plan, obwohl er im Vergleich mit späteren Karaoke-Ausschreitungen in anderen Ländern recht glimpflich ausging. In einem Bordell in der Stadt Kawasaki zwischen Tokio und Yokohama konnten sich die Mitarbeiter*innen bei einer Betriebsfeier nicht einig werden, wer als Nächstes das Mikrofon bekommen würde. Eine Schlägerei mit achtzehn Beteiligten brach aus. Vier wurden mit Verletzungen durch Faustschläge und Bierflaschen ins Krankenhaus eingeliefert.

Bei einem ähnlichen Streit in kleinerem Rahmen schoss 2001 in der Nähe von Yokohama ein 51-jähriger Tischler seinen Trinkkumpanen mehrfach an. Der wurde zwar schwer verletzt, konnte aber im Krankenhaus gerettet werden. Zu diesem Zeitpunkt waren die Medien schon derart an Fälle von Karaoke-Wut gewöhnt, dass es anstatt Empörung eher flaue Witze gab. Etwa dass der Vorfall dem Begriff *hit song* ganz neue Bedeutung gäbe. Sie bezogen sich darauf, dass *to hit* im Englischen nicht nur schlagen heißt, sondern auch ein Slang-Ausdruck für gezieltes Töten ist.

COLDPLAY LÄSST KEINEN KALT

Ein ewiger Zankapfel zwischen Musikliebhaber*innen ist die Band Coldplay. Heute scheint es schwer nachvollziehbar, aber in ihren Anfangsjahren galt sie der popmusikalischen Intelligenzia als durchaus vertretbarer Indie-Darling. Wenn solche plötzlich zu hoch hinausfliegen und Stadien voller Banausen beglücken, ist die Verletzung auf Seiten der frühen Verehrer*innen groß und ihnen wird trotzig die Verehrung entzogen.

Verletzen wollte im August 2007 auch eine Frau einen Mann in der Changes Bar & Grill, einer stadtbekannten queeren Schankstätte in Seattle, die an zwei Abenden in der Woche Karaoke-Nächte veranstaltet. Der Mann sang das Lied „Yellow" von Coldplay. Eine Frau, die laut einem Zeugen wie „ein kleines Hippie-Mädchen" aussah, ließ ihren Unmut über den Song aus. Zunächst nur im Kreis ihrer Begleitungen, dann gegenüber dem nach wie vor Singenden. Nicht nur das Lied fände sie unter aller Kanone, ließ sie ihn und sein Publikum wissen, sondern auch und gerade seinen Vortrag. Als das nichts half, versuchte sie den Sänger von der Bühne zu schubsen und traktierte ihn schließlich mit Schlägen. Laut Erinnerung eines der Barkeeper brauchte es drei oder vier seiner Kolleg*innen, um die wütende 21-Jährige nach draußen zu befördern. Dabei wurde einer der Angestellten durch zwei Schläge im Gesicht verletzt. Eine Zeugin war eine Polizistin außerhalb ihrer Dienstzeit, die sogleich ihre diensthabenden Kolleg*innen informierte. Als die eintrafen, eskalierte die Situation so richtig.

Gemeinsam rissen die eingetroffene Verstärkung und die eigentlich dem Feierabend frönende Polizistin das uneinsichtige „Hippie-Mädchen" zu Boden und fixierten es dort, doch zunächst ohne großen Erfolg. Sie war immer noch in der Lage, der Beamtin, die den Vorfall gemeldet hatte, mehrere Kopfnüsse zu verpassen. Allerdings handelte die Täterin sich nun ebenfalls einige Blessuren ein, weshalb sie vor der Fahrt aufs Polizeirevier zunächst im Krankenhaus vorstellig werden musste. Dort wurde nicht nur sie behandelt, sondern auch die Polizistin, auf die sie es besonders abgesehen hatte. Sie hatte mehrere Schnitte und andere Wunden davongetragen. Die Täterin, so stellte sich heraus, wurde von der Polizei bereits wegen eines Diebstahldelikts gesucht.

Was genau die Raserei der jungen Frau, die keine Stammkundin des Etablissements war, veranlasst hatte, ist nicht bekannt. Laut des Personals hatte sie an alkoholischen Getränken lediglich ein Schnapsglas Jägermeister zu sich genommen. Vermutlich spielte ihr geistiger Gesundheitszustand eine größere Rolle als ihre Meinung über Coldplay.

Unschöne Karaoke-Zwischenfälle sind also keine asiatische Spezialität. Lieder bringen die Menschen nicht immer zusammen, zumindest nicht immer auf vorteilhafte Weise. Anders als die My-Way-Morde hat der Fall in Seattle immerhin nicht als „Coldplay-Wut" Schule gemacht. Unbeachtet bleiben solche Vorfälle derweil nicht. Sie sind Wasser auf die Mühlen derer, die Karaoke ohnehin mit Misstrauen begegnen.

KRITIK VS. KARAOKE

Ob wir nun Karaoke (mit)verantwortlich machen für die Gewalttaten, die in seinem Umfeld geschehen, oder diese Überschneidung lediglich als Zufall ob der Allgegenwärtigkeit von beidem abtun – wir können nicht verhehlen, dass es Steilvorlagen für Kritik bietet. Das begann schon, bevor Karaoke Karaoke hieß und in Kobe und anderswo die Live-Musiker*innen ihre Felle davonschwimmen sahen. Später, als sich das Ganze bereits als Mainstream-Spaß etabliert hatte, wurde bemängelt, dass die Menschen nun nur noch sängen und sich nicht mehr unterhielten. Der Sci-Fi-, Fantasy- und Horror-Autor Ryo Hanmura erzählte der Tageszeitung *Asahi Shimbun* 1978: „Wir verlieren die Kunst des Kneipengesprächs. Jetzt sitzt jeder mit ausgeschaltetem Gehirn rum und wartet, bis er mit singen dran ist." Ein Echo dieser Klage hören wir im modernen Lamento, die Menschen schauten nur noch auf ihre mobilen Bildschirmchen anstatt einander ordentlich in die Augen. Sind beide Kritiken in ihren Tendenzen nicht ganz von der Hand zu weisen, so ist ihr absoluter Anspruch sicherlich überzogen. In beiden Fällen wollen die positiven Seiten der Entwicklungen nicht gesehen werden, etwa die Förderung des Gemeinschaftsgeistes sowie der Abbau von sozialen Hemmungen bei Karaoke und das Mehr an echter Kommunikation, das uns die moderne Mobiltechnologie durchaus bietet (auch wenn es nicht immer Kommunikation mit unserem leiblichen Gegenüber ist).

1984 bemängelte der Musikkritiker Tadashi Fujita, dass Karaoke eine gesangliche Gleichschaltung, einen musikalischen

Einheitsbrei fördere, bei dem außergewöhnliche Stimmen vom faden Durchschnitt untergebuttert würden. Alle seien nur mehr interessiert daran, dieselben Lieder auf dieselbe Art zu singen. (Damit war er seiner Zeit voraus, denn die totale digitale Kontrolle über die Gesangsdarbietung durch in die Karaoke-Maschinen integrierte KI inklusive abschließender Bewertung sollte noch ein paar Jahrzehnte auf sich warten lassen.) Er kontrastierte diese Entwicklung mit der gerade international an Schwung gewinnenden Hip-Hop-Kultur, deren Künstler*innen sich über Samples und Zitate ebenfalls der Werke anderer bedienten, dabei aber etwas Neues schufen.

Die japanische Polizei übrigens, von der man meinen möchte, sie sei im Angesicht der Karaoke-Wut und Karaoke-Gewalt dem Phänomen gegenüber besonders kritisch eingestellt, sieht daran trotz allem in erster Linie die positiven Aspekte. Eine Studie von 1994 kommt zu dem Schluss, dass die Anzahl der verhaltensauffälligen Betrunkenen in den Straßen signifikant abgenommen habe, nachdem Karaokebars 1976 in Mode gekommen waren. Als sich Heim-Karaoke durchsetzte, ging die Zahl noch weiter zurück. Das heißt freilich nicht, dass Japaner*innen wegen Karaoke weniger tränken und sich gemäßigter benähmen. Doch Karaoke lenkt den Exzess in gesellschaftlich akzeptable Bahnen. (Wenn beim Singen jemand über die Stränge schlägt, muss nicht gleich die Polizei anrücken. Meistens zumindest.) Was vielleicht auch daran liegt, dass es sich im Laufe der Zeit von einem offenen Kneipenphänomen zu einem Privatvergnügen entwickelt hat.

Track 9

Singing in a Box

Wer im westlichen Kulturraum an Karaoke denkt, hat dabei eine ganz bestimmte Bar vor dem geistigen Auge. Sie ist recht groß mit einer Theke und einer Bühne. Gefüllt ist sie mit Menschen, die sich erst in Stimmung trinken, dann torkelnd das Mikrofon schnappen und sich vor wildfremden Betrunkenen zum Kasper machen. In Japan war das zunächst auch so, obwohl die Bars landestypisch kleiner waren als die im Westen. Doch das änderte sich in den 1980ern.

ES BEGANN IN EINEM LASTWAGEN

Als sich die Erkenntnis durchsetzte, dass am Singen zum Halbplayback prinzipiell nichts Anrüchiges war, das nur von alkoholisierten Erwachsenen betrieben werden konnte, bewegte sich Karaoke aus dem Kneipenumfeld ins etwas Privatere. Genauer gesagt in geschlossene Räume, die von kleineren Gruppen angemietet wurden, um ohne fremde Schau- und Lauschlustige zu singen.

1984 eröffnete die erste publikumsfreie Karaoke-Box in einem sehr bescheidenen, sehr japanischen Rahmen: Es handelte sich um eine improvisierte Einrichtung in einem ausrangierten Lastwagen-Container. Er stand in einem Reisfeld in der Präfektur Okayama, nicht weit von Kansai, von wo Karaoke einst seinen Siegeszug angetreten hatte. Die Box bekam schnell Zuwachs, und bald standen mehrere solcher Schuppen, oft umfunktionierte Trucks, an den Straßenrändern der Vorstädte.

Das Konzept wurde professionalisiert, und innerhalb weniger Jahre entstanden große Karaoke-Center mit mehreren Räumen auf mehreren Stockwerken. Das ist in Japan und einigen anderen asiatischen Ländern nach wie vor die dominante Form, dem Hobby zu frönen. Buchstäblich und sprichwörtlich tonangebend sind dabei heute die großen Ketten wie Big Echo und Karaoke-kan, deren leicht erkennbare Fassaden in japanischen Städten so allgegenwärtig sind wie die von Starbucks und McDonalds. In den Kabinen sind die Besucher*innen unter sich und können so ausgelassen feiern oder konzentriert singen, wie sie wollen. Niemand muss Angst vor dem Spott Fremder haben.

Mitverantwortlich für diese Entwicklung war der zunehmende Erfolg von Karaoke-Maschinen für den Heimgebrauch. Zu Hause durften auch die Kinder mal mitsingen. Doch die Kleinen zu einem zünftigen Karaoke-Abend in die Bar mitnehmen? Das war wohl kaum das angemessene Umfeld. Eine Karaoke-Kabine im Center hingegen ist ein Raum, den man jugendfrei gestalten kann. Alkohol kann das Personal zwar bringen, er ist aber nicht in größeren Mengen vorhanden als in einem Fast-Food-Restaurant (McDonald's bot eine Zeit lang übrigens ebenfalls Karaoke an). Dadurch, dass die Karaoke-Center der großen Ketten meist nur am frühen Morgen für ein paar Stunden geschlossen haben, wurde der einstige Erwachsenen-Spaß sogar zu einem Vergnügen, dem Schüler*innen nach dem Unterricht ganz ohne elterliche Aufsicht frönen konnten. Zumal es nachmittags in der Regel taschengeldfreundliche Tarife gibt. Und für die Jüngeren haben die meisten großen Karaoke-Center inzwischen auch eine große Anzahl an Kinderliedern im Angebot.

Nicht zuletzt waren es weibliche Karaoke-Begeisterte, die das Schaffen privater und sicherer Räume vorantrieben. In einer Karaoke-Box, die sie mit den eigenen Freundinnen angemietet hatten, konnten sie ungestört singen. Außerdem hatten sie endlich die Kontrolle über die Technik und das Programm. In der eigenen Karaoke-Box schreibt niemand vor, was zu singen ist, und alle Klangeinstellungen können ganz nach den eigenen Vorstellungen geändert werden.

In Thailand ist Karaoke oft stark mit dem Sexgewerbe verbunden, und entsprechende Räume müssen für Frauen alles andere als sicher sein. Daher hat sich hier ebenfalls eine Form etabliert, bei der kleine, selbst gewählte Gruppen unter sich feiern können. In sogenannte Auto-Karaoke-Maschinen passen zwei bis sechs Menschen. Bei schummeriger Beleuchtung können sie nach Münzeinwurf spottbillig ihre Lieblingslieder singen, ganz unbehelligt von Hostessen und zwielichtigen Geschäftsleuten.

Auch die erste fahrende Karaoke-Box fuhr vermutlich in Thailand. 2003 brachte der 23-jährige Vichian Simma sein Mitsing-Taxi an den Start. Er hatte einen Kredit aufgenommen, um seinen Wagen mit einer Video-Karaoke-Anlage und Discobeleuchtung auszustatten. Im Angebot hatte er Lieder in Thailändisch, Englisch und Japanisch. Thai-Schnulzen waren am meisten nachgefragt.

EINE INDUSTRIE, DREI MÄRKTE

Die Händlerorganisation „All-Japan Karaoke Industrialist Association" (JKA) macht drei unterschiedliche Märkte für ihr Produkt aus. Da ist zum einen der ursprüngliche Bereich, das Nightlife-Segment, zu dem Izakayas (Bistro-Kneipen), Hostessen-Bars und sogenannte Snack-Bars gezählt werden (die letzten beiden bieten Flirt-Gastronomie, wobei in den Hostessen-Bars aggressiver und teurer geflirtet wird). Dieser Bereich setzt pro Jahr circa 182 Milliarden Yen um. Dann gibt es den sogenannten Tagsüber-Markt mit Karaoke-Kabinen und Cafés. Der setzt mit circa 391 Milliarden mehr als das Doppelte um und ist somit der lukrativste Karaoke-Markt. Auf dem Höhepunkt des Booms in der zweiten Hälfte der 1990er existierten in Japan einer Schätzung nach 170.000 Karaoke-Kabinen. Daneben läuft noch der Bereich „Vermischtes" mit Hotels, Festsälen und Reisebussen mit 41 Milliarden. Nachvollziehbar, dass die meisten Karaoke-Anbieter*innen sich auf den Tagsüber-Markt konzentrieren. (Wobei dieser Begriff außer Acht lässt, dass Karaoke-Center nachts ebenfalls geöffnet und gerade zu vorgerückter Stunde äußerst beliebt sind, wenn man den letzten Zug verpasst hat und sich bis Tagesanbruch die Zeit vertreiben muss.)

Der Trend zur Vermehrung und Verkleinerung ist also nur oberflächlich mit der Entwicklung von Kinocentern in den 1980ern zu vergleichen. Damals wurden aus imposanten Lichtspielhäusern Schachtelkinos, um mehr Filme auf einmal zeigen zu können. Für das Kino war die Verschachtelung seiner Veranstaltungsräume ein Bedeutungsverlust: kleine Leinwand, kleines Publikum, kaum Stimmung. Das gab es so ähnlich auch zu Hause, nur bequemer. Für Karaoke hingegen stellte die Verlegung in kleinere Räumlichkeiten einen Bedeutungsgewinn dar. Ging man zuvor in eine Karaoke-Bar, ging man in erster Linie in eine Bar. Vielleicht würde man etwas singen, vielleicht auch nicht. Mit Sicherheit aber würde man etwas trinken, höchstwahrscheinlich sogar etwas essen (Freizeitgestaltung ohne Essen ist in Japan undenkbar). Verzehr war für den Großteil der Klientel der Hauptgrund für den Besuch einer Karaoke-Bar; sie war sozusagen in erster Linie Bar und nur in zweiter Linie Karaoke. Das kehrte sich in den Centern um: Hier konnte das Publikum per Kabinentelefon auch Hühnchenflügel, Pizza, Pommes, Bier und die in Japan äußerst beliebten Highballs (Whisky mit Sodawasser) bestellen. Softdrinks gab es meist sogar gratis (in einer Bar eher ungewöhnlich). Doch niemand kam in erster Linie wegen Speis und Trank, denn die Art von Speisen, die dort aufgewärmt werden, sind nicht danach. „Nirgends bekommst du bessere Hühnchenflügel als beim Big Echo hinterm Bahnhof", ist ein Satz, den man vermutlich nie zu hören bekommen wird.

Wer ein Karaoke-Center betritt, betritt es in der Regel wegen Karaoke und wegen nichts anderem. Die Kabinen sind mit Technik ausgestattet, die professionellen Ansprüchen genügt. Ob man sie zum Spaß oder zur Professionalisierung nutzt, ist jeder und jedem selbst überlassen. Doch dass in einer Karaoke-Kabine auf die eine oder andere Art gesungen wird, ist sonnenklar.

Die Verkleinerung beziehungsweise die Segmentierung der Karaoke-Gesellschaft ist symptomatisch für einen größeren Trend, der japanischen Gesellschaft mit ihrem Gemeinschaftsfokus Freiräume für Individualität abzuluchsen. Je kleiner der Raum, desto größer die Möglichkeit zur individuellen Entfaltung.

ALLEIN UND GLÜCKLICH IN DER SUPER-SOLO-GESELLSCHAFT

Die Kabinen der Karaoke-Center werden nach Zeit abgerechnet. Wie viele Menschen wie viele Lieder in dieser Zeit singen, ist dabei nicht von Belang. Theoretisch können Kabinen solo gemietet werden, und nicht wenige tun das auch. Doch was, wenn die große Kabine mit ihren langen Sitzbänken, die eindeutig für mehr Hintern als einen gedacht sind, einen nur trübsinnig macht und die eigene Einsamkeit vor Augen führt? Da springt seit 2011 die Kette 1Kara in die Bresche. Ausgesprochen *Hitorikara* setzt sich die typisch japanische Abkürzung aus *hitori* (allein, eine Person) und Karaoke zusammen. Schon dadurch lässt es sich von einem relativ jungen Trend ableiten, der *Ohitorisama* genannt wird. Darin stecken *hitori* und *sama*, eine förmliche Anrede (das o ist ein Höflichkeitspräfix). *Ohitorisama* könnte man also mit „der Herr / die Dame allein" übersetzen. Zunächst war vor allem die Dame gemeint, denn der Ausdruck kam vom Titel eines gleichnamigen Buches der Journalistin Kumiko Iwashita aus den Nuller-Jahren. Darin stellte sie die These auf, dass die moderne Frau besser Karriere machen und sich anderweitig freier entfalten könne, wenn sie auch einmal was alleine anginge, anstatt sich immer nur in einem Umfeld zu bewegen, das für individuelle Ausdrücke wenig empfänglich ist.

Das leuchtete vielen Frauen ein, und etwas später hatten die Männer es ebenso begriffen. So wurde aus *Ohitorisama* ein Unisex-Trend. Denn eines ist oder war japanischen Männern und Frauen gemein: Sie machten ungern etwas allein in dieser Gesellschaft, die sich so stark auf den Gemeinschaftsgeist berief. Das heißt nicht, dass sie es nicht taten. Japan wurde zunehmend ein Land der Singles, und es wurde zusehends normaler, alleine ins Restaurant, ins Kino, zum Konzert zu gehen. Nur war es eben zunächst mit einem schlechten Gewissen behaftet und als Notlösung angesehen. An Universitäten war es gar nicht so selten, dass Student*innen ihr Essen lieber auf der Toilette zu sich nahmen, als ohne Gesellschaft in der Mensa ertappt zu werden. Selbstverständlich gab es auch dafür ein Schlagwort: *benjo meshi* (Mittagessen auf der Toilette).

Ohitorisama machte Schluss mit *benjo meshi* und machte den selbstbewussten Alleingang möglich, machte ihn vielleicht sogar begehrenswert. Daraus erwuchs eine ganze Ohitorisama-Industrie. Normalerweise wird bei japanischen Restaurantbesuchen gern geteilt, worauf die Portionen oft ausgerichtet sind, viele stellten sich von nun aber mit Einzeltischen, Thekenplätzen und Ein-Personen-Gerichten auf die neuen Einzelgänger*innen ein. Reiseveranstalter*innen organisierten mehr als nur Gruppenreisen. Sogar Bars eröffneten, die man ausschließlich allein betreten darf. Die verstehen sich nicht als Singlebars im klassischen Sinne, obwohl es Kund*innen nicht verboten ist, miteinander ins Gespräch zu kommen und hinterher keine Singles mehr zu sein. Nur muss man akzeptieren, dass viele Gäste eben nicht nur alleine gekommen sind, sondern auch alleine bleiben wollen. *Ohitorisama* wurde selbstverständlich ebenfalls zum Hashtag, mit dem selbstbewusste Individuen ihre Einzel-Mahlzeiten und anderen Soloaktivitäten in den sozialen Medien foto- und videografisch dokumentierten.

Kazuhisa Arakawa, ein Forscher der Werbeindustrie, spricht davon, dass Japan zu einer „Super-Solo-Gesellschaft" wird. Er schätzt, dass bis 2040 fünfzig Prozent der Bevölkerung im Alter von über fünfzehn Jahren in Single-Haushalten leben werden. Die Wirtschaft kann ihre Rechnungen also nicht ohne die neuen Super-Singles machen. Daiki Yamatani, PR-Manager von 1Kara, bestätigt den gesellschaftlichen Ohitorisama-Umbruch. „Einzel-Besucher machen dreißig bis vierzig Prozent von allen Karaoke-Kunden aus", erzählte er 2021 dem BBC-Korrespondenten Bryan Lufkin. Ähnliche Zahlen gibt es in der Live-Musik: Rund die Hälfte aller Besucher*innen gehen allein zu Musikveranstaltungen. Dort werden dann allerdings oft neue Beziehungen zu musikgeschmacklich Gleichgesinnten geknüpft. Das ist ein Aspekt, der beim Singen in Einzelkabinen weder gegeben noch gewünscht ist.

Die Kund*innen von 1Kara haben laut Lufkin unterschiedliche Gründe, warum sie zumindest manchmal lieber alleine singen. Einen Mangel an Freund*innen gibt dabei keine*r an. Manche finden es beispielsweise von Vorteil, dass sie beim Einzel-Karaoke nicht darauf warten müssen, bis sie an der Reihe sind. Offenbar geht mit dem neuen Individualismus auch ein neuer Egoismus einher. Wie abzusehen war, sehen viele ebenso einen Vorteil darin, sich mit suboptimaler Gesangsleistung nicht vor anderen lächerlich zu machen. So wird Hitori-Karaoke zum reinen Spaß an der Freud anstatt zum gesellschaftlichen Druck. Und nicht nur überzeugte Ohitorisama-Puristen schätzen es, gelegentlich alleine zu singen. Gerade bei Familienmenschen, dort vor allem bei stark ausgelasteten Müttern, ist Solo-Karaoke zum Stressabbau und als gelegentliche Flucht aus dem von den Begehrlichkeiten anderer bestimmten Alltag beliebt. Für eine Stunde oder zwei kann man ganz bei sich sein und genau das tun, was man ganz alleine tun möchte. Vorausgesetzt es hat mit Singen zu tun. (Obgleich eine Minderheit Karaoke-Kabinen durchaus zum ungestörten Arbeiten oder Pausieren mietet. Ist günstiger, weniger verfänglich und vielleicht hygienischer als das Stundenhotel und geräumiger als der Tisch im Café.)

Doch bevor das alles jemandem nun allzu japanisch vorkommt: 1Kara buhlt mit englischen Beschreibungen und einer englischen Website geradezu um ausländische, also in erster Linie touristische Kundschaft für seine sechs Filialen in Tokio. Das hat Seltenheitswert in einem Land, das mit anderen Sprachen als der eigenen nach wie vor hadert und somit Besucher*innen bisweilen vor ganz profane sprachliche Verständnisschwierigkeiten stellt, bevor zu den kulturellen Verständnisschwierigkeiten vorgedrungen werden kann.

Was einem auf der englischen 1Kara-Website als Sprachpedant sofort ins Auge fällt, ist die Auflistung der Filialen, gemeinhin Shop List, die hier als Ship List bezeichnet wird. Da meint man leicht: Typisch, auf der Tastatur danebengehauen und nicht einmal drübergeschaut, bevor es vor aller Welt ausgestellt wird. Tatsächlich aber handelt es sich nicht um einen Fehler: Jede einzelne Filiale möchte als Raumschiff verstanden werden. Da treffen zwei wichtige Ingredienzen japanischer Popkultur aufeinander: Karaoke und Science-Fiction. Die Karaoke-Räume, intern Pits genannt (von Cockpit), sollen analog die persönlichen Kajüten des Raumschiffs sein. Auch die Rezeption, an der der sogenannte Boarding-Prozess abgewickelt wird, hat etwas vom Design einer 60er-Jahre-Space-Opera. Die Angestellten hier sind selbstverständlich als die Crew bekannt. Die einzelnen Kabinen derweil erinnern stark an ein anderes, schon etwas in die Jahre gekommenes Phänomen, das die japanische Öffentlichkeit sehr beschäftigt und möglicherweise sogar die japanische Gesellschaft ziemlich umgekrempelt hat: das Internet-Café.

DAS ERBE DES INTERNET CAFÉS

Obwohl inzwischen jede*r das Internet in der Hosentasche bei sich trägt, sind Internet-Cafés in Japan nicht totzukriegen. Das liegt daran, dass die wenigsten Nutzer*innen wegen des Internets kommen, oder wegen des Kaffees. Die Kabinen dieser Einrichtungen bieten meist bequeme Sitz- oder sogar Liegegelegenheiten und feinste Unterhaltungselektronik. Wer also mal die neuesten Videospiele oder Blockbuster in hoher Auflösung und mit bombastischem Sound erleben möchte, flieht für ein paar Stunden ins Internet-Café. Im Zweifelsfall kann in den abschließbaren Räumchen auch ungestörter rumgemacht werden als daheim im Kinderzimmer. Einfache Speisen können dort gegen Aufpreis nach Zimmer-Service-Manier an die Tür bestellt werden, alkoholfreie Getränke und leichte Snacks sind meist in der Miete inbegriffen.

Angesichts des Komforts und der niedrigen Preise ist es nicht verwunderlich, dass manche das Internet-Café als permanente oder semi-permanente Bleibe nutzen, darunter jugendliche Ausreißer*innen genauso wie unterbezahlte Berufsanfänger*innen, budgetbewusste Tourist*innen oder Gastarbeiter*innen. Für den längeren Aufenthalt sind die Einrichtungen zwar offiziell nicht gedacht, doch niemand schaut so genau hin. Tatsächlich schaut man wohl ganz bewusst weg. Wie sonst ließe sich erklären, dass Duschen und Waschmaschinen in vielen Internet-Cafés zur Ausstattung gehören, und Hygiene-Artikel wie Zahnbürsten und Rasierer an der Rezeption zu kaufen sind? Darüber hinaus bieten diese Center Unterhaltungsmöglichkeiten, die über die Internet-Nutzung weit hinausgehen. Bücher, Mangas und Filme können geliehen werden, und einige Räume bieten sogar Karaoke.

Die Pits von 1Kara erinnern an die von Internet-Cafés mit ihren bequemen Sesseln und ihrer sehr effizienten Nutzung eingeschränkten Raumes (jedes Standardzimmer misst zweieinhalb Meter, wobei es mittlerweile auch größere VIP-Zellen gibt). Man kann sich zwischen zwei Mikrofonen entscheiden: Einem festmontierten und einem für die Hand.

Das kommt denen entgegen, die lieber im Stehen singen und bei ihrer Performance ein wenig rumrocken wollen, so es der Platz erlaubt.

Dass davon außerhalb der Kabine so gut wie niemand etwas mitbekommt, ist ungewöhnlich für ein Karaoke-Center. In herkömmlichen Einrichtungen wie denen von Big Echo oder Karaoke-kan donnern die Darbietungen der Singenden meist kakofonisch durch die Gänge (auch wenn sie dank getönter oder verzierter Scheiben visuell nicht identifiziert werden können). Die Räume von 1Kara aber sind tatsächlich schallisoliert, und die Musik spielt erst, wenn die Tür geschlossen ist. Sie kommt ohnehin aus dem Kopfhörer, den Besucher*innen selbst mitbringen oder mieten können.

Die Singenden können sich dem musikalischen Erlebnis ganz hingeben, ohne sich allzu sehr um ihre persönliche Sicherheit zu sorgen. Sobald die Kabinentür geschlossen ist, verriegelt sie automatisch und kann von außen nicht geöffnet werden. Für Frauen, denen es trotzdem nicht geheuer ist, mit dem Rücken zur Tür zu singen, gibt es bei 1Kara abgetrennte Bereiche mit Pits, die exklusiv Besucherinnen vorbehalten sind. Laut Unternehmensinformationen war diese Maßnahme dafür verantwortlich, den Kundinnen-Anteil drastisch zu erhöhen.

Die Betreiber*innen nehmen die Privatsphäre ihrer Kund*innen so ernst, dass sie das sogar auf Kosten des Services gehen lassen. In gängigen Karaoke-Centern ist es üblich, dass Speisen, etwas aufwendigere Softdrinks und alkoholische Getränke nach Bestellung übers Haustelefon von einem Mitglied des Personals in die Kabine gebracht werden (für einfache Softdrinks stehen Selbstbedienungsautomaten bereit). Das passt nicht allen in den Kram. Viele mieten so eine Kabine an, um sich nicht vor Fremden gehen lassen zu müssen, auch nicht ein paar Sekunden lang. Deshalb müssen die Gäste bei 1Kara ihre Bestellungen selbst abholen.

Neben der üblichen Karaoke-Technologie gibt es in den 1Kara-Pits auch ein Mischpult, das selbst Profis zufriedenstellen dürfte. Da mögen es manche direkt schade finden, dass niemand den perfekt abgemischten Gesang zu hören bekommt. Doch daran wurde ebenfalls gedacht: Auf Wunsch (und gegen Gebühr) können alle ihre eigene Performance auf CD brennen und mitnehmen. Hoffnungsvolle Nachwuchssänger*innen, die sich kein richtiges Tonstudio leisten können, nutzen diese Möglichkeit häufig zur Aufnahme von Demo-CDs.

Als preiswerte Proberäume für professionelle und angehende Sänger*innen halten Karaoke-Kabinen längst her. 1Kara hat dieses Phänomen erkannt und weitergedacht: Schließlich brauchen nicht nur Sänger*innen Proberäume. So sind einige 1Kara-Kabinen nun mit Gitarren und Schlagzeugen ausgestattet. Daran dürfen sich durchaus auch Amateur*innen versuchen. Aber dass diese Räume ebenfalls professionell genutzt werden, ist kein Geheimnis. So verschiebt sich die Bedeutung von Karaoke als reines Freizeitvergnügen in die Berufswelt hinein. Und wird dabei von genau denen geschätzt, die Anfang der 1970er noch Angst davor hatten, dass der Spaß ihnen die Arbeitsplätze streitig machen könnte: den Live-Musiker*innen, die nun in der Karaoke-Welt ihre Proberäume gefunden haben.

ZURÜCK IN DIE KNEIPE

Bei jeder Entwicklung ist die Gegenentwicklung so sicher wie das Amen in der Kirche. Als die Karaoke-Maschinen sich zunehmend aus dem sehr öffentlichen Leben in immer privatere Kabinen verabschiedeten, dachten sich einige Betreiber*innen von Karaoke-Bars: Jetzt erst recht! Um sich eine rentable Nische zu schaffen, bedarf es jedoch eines Alleinstellungsmerkmals. Die Karaoke-Bar Kankodori hat so eines gefunden: Das kleine Etablissement im zweiten Stock eines Geschäftshauses in Osaka spielt ausschließlich Musik von Single-Vinylscheiben.

Und das nur, wenn dem älteren Betreiber Ota gerade danach ist. Die Bar ist zwar offiziell täglich außer sonntags geöffnet, doch zu welchen Uhrzeiten genau, entscheidet Herr Ota nach Tagesform. Wer mit seinem Timing nicht im Einklang ist, kann schon mal vor einer verschlossenen Tür stehen, an der ein Zettel haftet: „Bin angeln." So ging es der Journalistin Satoko Akune, als sie Ota und seine Bar für ein Online-magazin porträtieren wollte. Sie hatte ihn vorher in einem House-Club getroffen, wo er ihr gleich mehrere Visitenkarten zugesteckt hatte. Eine wies ihn als DJ aus, eine als „Osakas Mädchen für alles" und eine als den „Besitzer der Kankodori Karaoke Bar". Wer es doch schafft, die Bar zu ihren Öffnungszeiten zu besuchen, findet sich in einem kleinen Raum voller eng aneinandergepresster Single-Scheiben wieder. Die meisten davon sind dem Genre namens City Pop zuzurechnen, jener sinnlichen Disco-Variante, die in Japans Wirtschaftswunderjahren (also vor allem in den 1980ern) den

Sound der Großstadt bestimmte und die heute nicht nur in Japan nostalgisch verklärt wird. Viele ausländische Musikliebhaber*innen haben in den letzten Jahren City Pop als die Musik einer Zeit zu schätzen gelernt, in der urbane Sehnsüchte noch unschuldiger und romantischer anmuteten. So wurden von westlichen Enthusiast*innen im 21. Jahrhundert japanische Stars wie die Sängerin Mariya Takeuchi wieder ausgegraben, die Japan selbst fast vergessen hatte. Takeuchis Single *Plastic Love* hatte es 1985 auf Platz 86 der japanischen Oricon Singles Charts gebracht. Nach einer viralen internationalen YouTube-Wiederentdeckung schaffte es der Song 2021 auf Platz 5.

In der Kankodori Karaoke Bar allerdings sollen die Gäste selbst die Stars sein. Vielleicht hängen deshalb an den Wänden keine Poster längst in Rente gegangener Popidole, sondern leere Bilderrahmen. Nichtsdestotrotz sollen auch schon echte Prominente die Bar besucht haben, um vor kleinem Publikum die Hits anderer zu singen, mitunter in Verkleidung.

City Pop eignet sich bestens, um den Geist von Karaoke zu transportieren, also das fröhliche Miteinander. Da diese Musik bei Älteren nostalgische Erinnerungen wachruft und bei Jüngeren als coole Retro-Mode gilt, wird hier sogar generationsübergreifend gemeinsam gesungen. Für die Älteren liegen Vergrößerungsgläser bereit, damit sie das Kleingedruckte der Single-Hüllen besser entziffern können.

Viel Platz ist in der Kankodori nicht. Eine Reihe von Stühlen steht vor dem Tresen, auf dem die Kisten voller Vinyl-Singles stehen. Die Kund*innen dürfen sich ihre liebsten Scheiben aussuchen, die sie dann dem Wirt und DJ weiterreichen. Eine weitere Stuhlreihe steht direkt dahinter. Möglichkeit zum Tanzen gibt es in dem engen Raum nicht, gesungen wird im Sitzen. Diese Intimität ist einerseits den beengten Verhältnissen geschuldet, gehört andererseits auch zum Konzept. Es geht um eine menschliche Zurückeroberung des zunehmend technisierten und automatisierten Karaoke-Ritus. Plattenkisten zu durchwühlen und die gefundenen Schätze an Personen weiterzugeben, die sie für einen abspielen, hat eine andere Qualität, als einen Server per berührungssensitivem Bildschirm nach Tracks zu durchsuchen, die dann einer Playlist zugeordnet werden. Diese Zurückeroberung setzt bereits vor dem Auswählen und Abspielen ein. Laut Ota, dessen Verlautbarungen wohlgemerkt oft ein eher spielerisches Verhältnis zur reinen Wahrheit haben, hat er alle Scheiben, die sich in seinem Laden stapeln, aus dem Müll anderer Leute gefischt.

Kankodori ist nicht die einzige Karaoke-Bar, die mit einem ungewöhnlichen Konzept lockt. Andere Sing-Kneipen stellen beispielsweise Kostüme für Cosplay zur Verfügung, bieten ausschließlich Musik aus Zeichentrickfilmen und -serien an oder beschäftigen eine echte Begleitband. Damit wäre das moderne Karaoke dann tatsächlich wieder beim Ur-Konzept von Daisuke Inoue angekommen, der in den 1960ern mit seiner Band auf ähnliche Dienstleistungen setzte, bevor er der Nachfrage nicht mehr hinterherkam und Kunden die Musik auf Tonbändern mitgab. Die Arten, auf die wir heute Karaoke betreiben können, sind so vielfältig wie die Gründe, aus denen wir es tun.

Track 10

Warum singen?

Wer noch nie Karaoke gesungen hat und das Phänomen aus Film und Fernsehen nur als einen Verzweiflungsakt unglücklich verliebter Betrunkener kennt, fragt sich vermutlich: Warum macht man das überhaupt? Das lässt sich nicht für alle Welt gleich beantworten. Es fällt auf, dass in Japan und anderen asiatischen Ländern oft ein selbstverständlicherer, vielleicht aufrichtigerer Umgang mit Karaoke gepflegt wird als in westlichen Ländern. Dort scheint das Phänomen auch von seinen Akteur*innen stets mit einer gewissen Ironie betrachtet zu werden: Das ist so peinlich, dass es schon wieder lustig ist.

Es mag tatsächlich eine Frage territorialer Mentalitäten sein. Kulturen, denen das Singen, zumindest das Singen aus Spaß, nicht jahrhundertelang verboten war, scheinen aus unverblümter Freude an der Sache zu singen. In christlich geprägten Kulturen hingegen bedarf es anscheinend einer ironischen Codierung oder einer ausgeprägten Extravertiertheit gekoppelt mit großem Vertrauen ins eigene Können. Mut braucht man überall. Hüben wie drüben gibt es alkoholfreies Karaoke meist nur bei Kindergeburtstagen oder in therapeutischen Einrichtungen. Warum waren es also ausgerechnet die Japaner*innen, die sich als Erste den Mut angetrunken hatten?

JAPAN, WIE ES SINGT UND SENDET

Die Frage ist nicht unberechtigt, schließlich stammt fast jede technische Vorstufe von der Jukebox bis zum Tonbandgerät aus den USA. Auch die ersten Film- und Fernsehprogramme, die zum Mitsingen animierten, kamen aus der westlichen Hemisphäre. Gesang und Tanz haben in der japanischen Kultur schon immer eine wichtige Rolle gespielt. Bereits in den Schöpfungsmythen der Shinto-Religion finden sie Erwähnung. Die Sonnengöttin Amaterasu hatte ein angespanntes Verhältnis zu ihrem Bruder, dem Windgott Susanoo. Als der eines Tages einfach so ein totes Pferd in ihre Webhalle warf und damit eine ihrer Dienerinnen tötete, war das Maß voll: Amaterasu zog sich in eine Höhle zurück und wollte niemanden mehr sehen. Damit erlosch auch das Licht auf Erden. Durch Gesang und Tanz wurde sie schließlich wieder herausgelockt und ließ ihr Antlitz fortan über die Erde strahlen. Ihr Bruder wurde dorthin verbannt und gründete ein mächtiges Kriegergeschlecht. Positiver Nebeneffekt der Geschichte: So wurden Tanz und Musik erfunden.

Das einfache Menschenvolk sang auf Erden, also vor allem in Japan, weiter. Es vergeht kein Monat ohne das eine oder andere regionale oder überregionale Volksfest, und Gesänge sind immer dabei. Jede Schule hat ihre eigene Hymne, die die Schüler*innen mit Begeisterung schmettern. (Dem japanischen

Schulsystem wird eine gewisse Strenge nachgesagt, in gewissen Bereichen nicht ganz zu Unrecht. Zumindest in der Grundschule allerdings wird das strenge Regelwerk den Schulanfänger*innen noch spielerisch beigebogen. Gemeinhin gehen japanische Grundschüler*innen gerne in ihre Lehranstalt und trällern selbst nach Schulschluss aus reinem Vergnügen ihre Hymne weiter. Und pflanzen sie damit auch ihren Eltern als Ohrwurm ein.)

Lange bevor im westlichen Fernsehen Singwettkämpfe über die nächste Generation von Popstars entschieden, ging der halbstaatliche Sender NHK kurz nach dem Ende des Zweiten Weltkriegs mit einem ähnlichen Format auf Sendung. Zunächst lief *NHK Nodo Jiman* (offizieller englischer Titel: *NHK Amateur Singing Contest*, wörtliche Übersetzung: „stolz auf meine Stimme") nur im Hörfunk, doch ab 1953 waren ebenfalls Fernsehkameras dabei. Etliche berühmte Unterhaltungskünstler*innen gingen aus der Show hervor, und in den 1990ern breitete sie sich anlässlich diverser Jubiläen international aus. Es wurde etwa aus Brasilien, Argentinien, Peru, China und den USA gesendet. *NHK Nodo Jiman* existiert noch heute, nachdem in den 1970ern das Konzept leicht modernisiert wurde. Jede Woche werden in einer anderen Präfektur die Kameras aufgebaut. Dort treten lokale Solosänger*innen oder Gesangsgruppen gegeneinander an, bevor die Champions im jährlichen Finale aufeinandertreffen.

Eine noch größere nationale Musik-TV-Obsession ist die Sendung *Kōhaku Uta Gassen*, in der in der Silvesternacht traditionell weibliche (Team Rot) und männliche Sänger (Team Weiß) gegeneinander antreten. Inzwischen wurde die strenge

Geschlechtertrennung aufgehoben, auch um Sänger*innen, die sich am ehesten vom Sternchen repräsentiert sehen, nicht vor eine Wahl zu stellen, die für sie keine ist. Außerdem stehen von Jahr zu Jahr mehr südkoreanische Boy- und Girlgroups auf der japanischen Bühne, damit auch ein paar Zuschauer*innen unter fünfzig erreicht werden. Obwohl das Konzept kaum vergleichbar ist, so ist *Kōhaku Uta Gassen* mit seinen oft bizarren, aus der Zeit gefallenen Bühnenbildern, Kostümen und Inszenierungen im Geiste so etwas wie der japanische *Eurovision Song Contest*. Manche schauen es aus alter Gewohnheit, andere aus Ironie, alle mit Leidenschaft. Ob Team Rot oder Weiß gewonnen hat, weiß am nächsten Tag niemand mehr. Hauptsache ist: Alle haben zusammen gesungen.

Und dennoch sind sich westliche Beobachter*innen einig: Japaner*innen sind nicht unbedingt bekannt dafür, ihre Gefühle in aller Öffentlichkeit zur Schau zu stellen. Zumindest nicht im Alltag, im Büro, im öffentlichen Verkehrsmittel oder im Café. Das stimmt. Dafür umso mehr in der Kunst. Und das oft in einer Intensität, die vielen westlichen Beobachter*innen suspekt ist. Eine emotionale Szene in einem japanischen Film oder einer japanischen Fernsehserie, in der Tränen und Nasenschleim nicht in Sturzbächen fließen, muss sofort noch mal gedreht werden. Leidenschaftliche Dialoge müssen lautmöglichst durchgebrüllt werden, während die Gesichtsflüssigkeiten durch das Krankenhauszimmer, das Bestattungsinstitut, das Großraumbüro geschleudert werden. Viele junge japanische Schauspieler*innen mit Blick über den Tellerrand stehen dem ständigen Schreien, Heulen und Schnoddern in ihren heimischen Produktionen durchaus kritisch gegenüber, aber mit Traditionen kann man schlecht brechen, solange es hochbetagte Regisseure noch in ihre Regiestühle schaffen.

Ein weiteres Feld, auf dem überlebensgroße Gefühle zugelassen werden, ist die Musik. Es kommt sicherlich nicht von ungefähr, dass in den frühen Karaoke-Jahren es nahezu ausschließlich Enka-Balladen waren, die angeboten und nachgefragt waren. Die sentimentalen Nummern kennen Gefühle nur in der überlebensgroßen Version. Der japanische Firmenangestellte konnte den ganzen Arbeitstag lang die Zähne zusammenbeißen und keine Miene verziehen, doch abends ließ er beim Karaoke alles raus und lebte in der Ballade. Anders ist es, wenn Amerikaner*innen Karaoke singen.

ANDY WARHOLS FÜNFZEHN MINUTEN

Tatsächlich ist es sinnvoll, bei der Frage nach der Motivation zwischen japanischem und amerikanischem Karaoke zu unterscheiden, den weltweit dominanten Formen. In den USA ist es nahezu unvorstellbar, ohne Publikum zu singen. Erfahren Amerikaner*innen von der Art, wie heute in Japan vornehmlich gesungen wird (in privaten Gruppen oder sogar ganz allein), können sie gar nicht verstehen, was das soll. Im Westen steht der performative Aspekt im Vordergrund: Für wenige Minuten bin ich ein Star, wie Andy Warhol es uns allen einst vorausgesagt hat, und was wäre ein Star ohne Publikum? Zwar wurde auch in Japan anfangs in Bars gesungen, doch das ging stark zurück, als die Karaoke-Center mit ihren Privaträumen öffneten. Bereits Shigeichi Negishi, der inoffizielle Erfinder von Karaoke, wollte mit seiner Sparko Box nicht vor anderen auftreten, sondern lediglich seine eigene Stimme hören. Ihm ging es darum, das technisch aufzupolieren, was er schon tat: singen für sich selbst. Er meinte, dass andere das bestimmt auch gerne tun würden. Er hatte recht. Genauso wie Amerikaner*innen keinen Sinn in der Introspektion des japanischen Karaoke sehen, können sich jüngere Japaner*innen überhaupt nicht vorstellen, vor Unbekannten zu singen, wie es einst auch in ihrer Heimat üblich war (wenngleich wohl eher notgedrungenerweise).

Dass derweil nicht alle Japaner*innen nur für den Moment und sich selbst singen, sondern mitunter von ihren Karaoke-Darbietungen überzeugt genug sind, um diese für die Nachwelt festzuhalten, beweist eine Schrulle aus dem letzten Jahrhundert. Karaoke ging immer technisch mit der Zeit oder war ihr bisweilen sogar voraus. Es setzte zum Beispiel auf die LaserDisc, bevor sie sich in anderen Bereichen durchsetzen konnte, oder stellte mit Joysound, einer Vorform des Musik-Streamings, die Instrumental-Tracks bereit. Erst 1989, sieben Jahre nach der Markteinführung, wurden erstmals mehr CD-Alben als klassische Langspielplatten verkauft. Folglich war Vinyl bis in die späten 1980er Jahre die dominante Form der Musikkonservierung, in der Geschichte von Karaoke spielte es dennoch kaum eine Rolle. Zwar gab es entsprechende Schallplatten mit Instrumentalmusik für den Hausgebrauch, doch für den Einsatz in der Gastronomie war das sperrige Format nicht praktikabel. Lediglich auf den Philippinen war es eine Zeit lang ein Mainstream-Phänomen, dass

Single-Schallplatten mit einer sogenannten Minus-1-Version auf der Rückseite herauskamen: dem Lied der A-Seite ohne Gesangsspur zum privaten oder öffentlichen Selbst-Mitsingen.

Da wundert es ein wenig, dass in einem Bereich Vinyl durchaus zum Einsatz kam: als Aufnahme-Medium von Karaoke-Darbietungen. Amateursänger*innen konnten ihren Gesang in einigen Clubs direkt auf den schwarzen Kunststoff pressen lassen. So konnten sie ihn zu Hause immer wieder anhören, um möglicherweise Verwandte und Bekannte damit zu beeindrucken oder ihnen gehörig auf den Geist zu gehen.

Der Brauch ist inzwischen in Vergessenheit geraten, doch wie allseits bekannt ist: Vinyl überdauert. Heute haben sich einige Spaß-DJs darauf spezialisiert, Flohmärkte nach entsprechenden Aufnahmen zu durchstöbern und mit ihnen Partys zu beschallen. Wer selbst eingesungene Karaoke-Schallplatten (oder Familienerbstücke) auf Flohmärkten verkauft, muss sehr von sich überzeugt sein. Oder äußerst verzweifelt. Und dass diese Aufnahmen heute Party-Musik sind, beweist, dass auch Japan gegen ironische Musik-Annäherungen nicht gänzlich gefeit ist.

Aufgenommen wird Karaoke heute noch, allerdings nicht vor Live-Publikum, sondern in der Einzelkabine und unter nahezu professionellen Bedingungen, meistens auf CD. Je technisch aufwendiger die Technologie in diesen Kabinen wurde, desto mehr Anreiz bot sie professionellen Sänger*innen, sie als Proberäume zu nutzen. Inzwischen unterscheiden sich manche von echten Tonstudios lediglich durch den deutlich günstigeren Preis. Der Gesang kann mit Effekten versehen und mit der musikalischen Begleitung perfekt abgemischt werden. Und wer es doch nicht so perfekt hinbekommt, kann sich in vielen Einrichtungen dabei helfen lassen. Nicht vom jungen Teilzeit-Jobber, der auf Anruf die Hähnchenteile in die Kabine bringt, sondern von der KI, die in viele Karaoke-Maschinen eingebaut ist und notfalls die Harmonien glattbügelt.

Und da liegt ein weiterer Grund, warum musikbegeisterte Dilettant*innen ohne die geringste Aussicht auf irgendeine musikalische Karriere und ohne diesbezügliche Illusionen begeistert zum Mikro greifen: weil Karaoke mit der richtigen Knöpfchendreherei nicht so schrecklich klingen muss, wie es eigentlich sollte. Im Hall verhallt manch schräger Ton. Doch wichtiger für diese Art von Klientel ist: Mit Karaoke kann sie endlich machen, was sie eigentlich nicht kann – singen. Ihre Lieblingslieder, mit einigermaßen professioneller Begleitung, auf Wunsch vor Publikum. Das geht wirklich nur mit Gesang und nur mit Karaoke. Wer ohne entsprechendes Talent davon träumt, bei AC/DC Gitarre zu spielen, ist weiterhin auf die tonlose Luftversion des Instruments angewiesen. Wer nicht Gitarre spielen kann, kann eben nicht Gitarre spielen. Aber „*I'm on the hiiighway to hell!*" kann jede*r brüllen, der*die einigermaßen bei Stimme ist. Ob Bon Scott sich nun im Grabe umdreht oder nicht. Aber was, wenn der Gesang allein nicht mehr ausreicht, um den inneren Drang nach Selbstdarstellung durch Imitation zu befriedigen?

KARA UND OKE JENSEITS VON KARAOKE

Stars gibt es nicht nur im musikalischen Bereich. Tatsächlich könnte man sagen, dass der Personenkult um Musiker*innen im Zeitalter sinkender Verkäufe und ständiger Verfügbarkeit eher abnimmt. Der Glamour um Filmstars hingegen scheint nicht im selben Maße zu ermatten, obwohl auch diese Branche mit sinkenden Absatzzahlen zu kämpfen hat und die Klage, dass es überhaupt keine richtigen Filmstars mehr gäbe, ungefähr so alt ist wie der letzte Film mit Cary Grant. Harrison Ford, Tom Cruise, Julia Roberts, ScarJo, Jennifer Lawrence, Bradley Cooper, Margot Robbie, Timothée Chalamet und vielleicht sogar ein paar noch jüngere, die dem in die Jahre gekommenen Autor gerade nicht einfallen, mögen widersprechen.

Kintopp vereint die Menschen weiterhin mindestens so verlässlich wie Musik, da war es nur eine Frage der Zeit, bis Movieoke erfunden wurde. Vermutlich war das 2003 in New York. Dabei wird ein Film von DVD auf eine Leinwand projiziert. Ein separater Monitor zeigt den Teilnehmenden Textzeilen zur Szene, den Rest kann man sich denken.

Dass sich Movieoke im großen Stil durchgesetzt hätte, lässt sich allerdings nicht behaupten. Webseiten einst reger Veranstalter*innen haben seit Jahren keine Updates erhalten, und die Behauptung auf der Wikipedia-Seite zum Thema, das Phänomen habe es von New York aus in „andere Teile der Welt" geschafft, lässt sich nicht verifizieren. Wie sich überhaupt gar keine Angabe auf dieser Seite verifizieren lässt oder mit Quellen belegt ist. Immerhin hat es das Wort ins *Collins English Dictionary* geschafft. Ein Antrag, den verwandten Begriff KaraMovie als Markennamen in den USA schützen zu lassen, endete laut im Internet einsehbaren Akten 2009 in einem Abbruch des Verfahrens.

Immerhin noch recht nachgefragt ist der Movieoke-Ableger Pornaoke, bei dem das Filmgenre vorgegeben ist. Nicht zu verwechseln mit dem *Pornstar Karaoke* in Los Angeles, wo Prominente aus der Erwachsenenfilmindustrie gemeinsam mit ihren Fans singen. Allerdings kann man auch ohne Stars unbekleidet singen. Nudistische Karaoke-Befürworter*innen in aller Welt schwören darauf, dass sich textilfrei freier trällern lässt.

Etwas erfolgreicher als Movieoke und KaraMovie scheint Spa-Raoke zu sein, die Verquickung von klassischem Karaoke mit Wellness-Angeboten von der Pediküre bis zum Blubberbad. Es wird (leider) nicht immer so genannt, aber Spa-Raoke-Angebote sind tatsächlich ein internationales Phänomen, das es in Kanada und den USA ebenso gibt wie in Japan und Finnland. Dort zum Beispiel an einem Ort namens „Sing and Pore". Wer vom Begriff Spa-Raoke begeistert ist, sollte auch das hervorragend finden. Verwechseln sollte man Spa-Raoke nicht mit SPARaoke. Das war 2024 eine Werbeaktion in England, bei der Kund*innen der Supermarktkette SPAR ihre Einkaufskörbe ersingen konnten, anstatt sie bezahlen zu müssen.

Die genrefremden Varianten des Karaoke sind mannigfaltig, doch die Urform des Gesangs zur Musikkonserve dominiert weiterhin. Karaoke-Sänger*innen helfen dabei nicht immer ihren Zuhörer*innen, aber häufig sich selbst, denn Singen kann therapeutisch wirken und lehrreich sein. Und so dauerte es nicht lang, bis Karaoke als Thereoke im therapeutischen Bereich ankam.

HILFE DURCH KARAOKE

Karaoke ist vor allem dem Sozialleben zuträglich. Auch wenn es in Japan und anderen Ländern inzwischen eher in Privaträumen als an komplett öffentlichen Plätzen praktiziert wird, so wird doch mehrheitlich nach wie vor in der Gruppe gesungen. In China wird ein Karaoke-Revival in den Nullerjahren dafür verantwortlich gemacht, die Menschen wieder zusammengebracht zu haben, nachdem Personal-Computer und DVD-Player sie zuvor vor ihren Bildschirmen in die Vereinsamung getrieben hatten. Außerdem soll Karaoke laut einer chinesischen Marketing-Weisheit gut für die Figur sein. Einige Anbieter listen schnelle Songs als besondere Schlankmacher und bieten dazu Diätmenüs an. Moderne Karaoke-Anlagen zeigen oft nach dem Song an, wie viele Kalorien man beim Singen verbrannt hat, wobei kein Anspruch auf allzu große medizinische Seriosität besteht.

Darüber hinaus kann Karaoke beim Lernen von Fremdsprachen helfen. Viele Schüler und vor allem Schülerinnen nutzen in Japan Karaoke, um anhand der Untertitel die Texte ausländischer Popsongs (zum Beispiel koreanischer oder englischsprachiger) besser zu verstehen und damit ebenso einen besseren Zugang zu jenen Sprachen im Allgemeinen zu finden.

Ideenreiche Lehrkräfte nutzen ebenfalls Karaoke, um Lernende zu motivieren. Ein Spanisch-Lehrer in Taiwan berichtete den Autoren Zhou Xun und Francesca Tarocco bei Nachforschungen für ihr Buch *Karaoke: The Global Phenomenon*, dass seine Kurse überaus beliebt geworden seien, seit sich herumgesprochen hat, dass dort gesungen wird. Ähnliches wird auch aus Vietnam gemeldet, seit die Jugend dort im Zuge der Doimoi-Reformen Mitte der 1980er zum Fremdsprachenerwerb ermutigt wurde.

Unter dem Begriff Thereoke wird Karaoke in den USA meist genutzt, um Therapie-Unentschlossene zu entsprechenden Informationsveranstaltungen zu locken. Doch auch in der Musiktherapie selbst hat Karaoke seinen Platz gefunden. Das klingt für konservative Fachkundige mitunter seltsam, da Musiktherapie eigentlich meint, dass die Teilnehmer*innen Musik selbst produzieren und nicht auf Playback-Aufnahmen zurückgreifen. Dennoch bietet Karaoke viele Möglichkeiten, beim gemeinsamen Singen soziale und mentale Fähigkeiten auszubilden und kreativ zu sein, indem man zum Beispiel die Texte ändert. Auch einige non-verbale Patient*innen sind mit Musik und Gesang besser zu erreichen als im einfachen Gespräch. Mit bereits aufgenommener Musik kann außerdem besser auf Wünsche der Patient*innen eingegangen werden als in der herkömmlichen Musiktherapie. Karaoke kann in seiner Einfachheit darüber hinaus denen einen Übergang zur herkömmlichen Musiktherapie bieten, die sich damit zunächst schwertun. Das gilt für Patient*innen wie für Therapeut*innen.

In der psychiatrischen Abteilung des Prince of Wales Hospitals in Hongkong kommt Karaoke seit 1990 zum Einsatz. Laut eines Arztes der Einrichtung fördere es den Fokus auf positive Gedanken, das Selbstwertgefühl sowie soziale Interaktionen und vermindere Angstzustände wie Lampenfieber. Sogar bei humanitären Einsätzen der japanischen Armee sind Karaoke-Anlagen in den Camps der Soldat*innen eine Selbstverständlichkeit. Der Journalist Hashida Sawako behauptete, in der Wüste zum Halbplayback zu singen, wäre das einzige, das ihn bei Verstand gehalten hätte, als er im Zweiten Golfkrieg aus dem westlichen Irak berichtete. Karaoke gefällt etlichen, selbst wenn sie es vor dem ersten Versuch partout nicht wahrhaben wollen. Es hilft auch vielen, aber nicht allen.

KARAOKE HILFT NICHT ALLEN

Die Liste derer, die Karaoke zunächst als infantile Albernheit abgetan haben, aber plötzlich ganz andere Töne sangen, nachdem sie sanft zum Mitmachen gezwungen wurden, ist lang. Dennoch gibt es auf den Sinneswandel keine Garantie. Karaoke-Phobie ist ein Phänomen, das allein in Japan Tausende betreffen soll. Manche berichten von körperlichen Krankheitssymptomen, wenn sie in Karaoke-Situationen gezwungen werden. Der Tenor, Musikpädagoge und Universitätsprofessor Toru Yuba hat sich als Gesangslehrer auf besonders schwere Fälle von Unmusikalität spezialisiert und behauptet, dass ihn bereits um die 600 Verzweifelte angesprochen haben.

Die Ängste sind vielleicht nicht unbegründet. Karaoke kann wirklich krank machen. Eine Studie der Keio Universität legt nahe, dass zehn Prozent aller japanischen Fälle von Polypen im Hals durch Karaoke hervorgerufen wurden. Die taiwanische Ärztin Chang Chih-hui gibt regelmäßig Karaoke-Beratungen, insbesondere vor den chinesischen Neujahrsfeiern, wenn es dicke kommen kann, auch im Hals. Laut ihr sind aber das Singen und das Teilen verlauster Mikrofone nicht die einzigen Gesundheitsrisiken, die Karaoke-Nächte mit sich bringen. Auch das fettige Essen, das in vielen Centern serviert wird, kann in Verbindung mit dem Singen, alkoholischen Getränken und Zigarettenrauch negative Auswirkungen auf Hals, Kehlkopf und Verdauungstrakt haben. Sie empfiehlt, nach solchen Ausschweifungen nicht sofort ins Bett zu gehen und bei Heiserkeit lieber ein oder zwei Tage auszusetzen, falls man das aushält. Das gilt für Männer wie für Frauen. Bei einigen anderen Karaoke-Regeln wird allerdings nach Geschlecht getrennt, ob berechtigt oder nicht.

SINGEN FRAUEN AUF DER VENUS UND MÄNNER AUF DEM MARS?

Nach allem, was man weiß: nein. Einen nennenswerten Unterschied zwischen der Karaoke-Nutzung und den Gründen dafür scheint es in der freien Welt nicht zu geben. In Japan singen heute geringfügig mehr Frauen als Männer. In Wales, das ebenfalls einmal die Erfindung von Karaoke für sich proklamiert hatte, sind es laut einem Artikel im Magazin *Wales Online* gefühlt eher die Männer, die zum Mikrofon greifen. Das wird daran liegen, dass Karaoke im englischsprachigen europäischen Kulturkreis stark mit der Pub-Kultur und ihren Fußballgesängen verbunden ist, während man in Japan unter sich bleibt.

Eines steht fest: Auch in Japan begann Karaoke als Männerdomäne. Es waren überwiegend die Herren, die sich in den 1960ern und frühen 1970ern in den Kneipen tummelten, in denen die ersten Geräte-Prototypen ausprobiert wurden. Und es waren Männer, die sogenannten *Salary Men*, die sich später nach der Arbeit mit ihren Kollegen und Vorgesetzten in den Karaoke-Bars nach der Arbeit vergnügen mussten. Der weibliche der Teil der Belegschaft (heute *Office Ladies* oder schlicht OL, früher bloß *Office Girls*) war davon oft ausgenommen, da von ihnen beruflich sowieso nichts mehr zu erwarten war, wenn sie erst mal Ehemänner und Kinder hatten.

Dieses Bild hat sich ein wenig gewandelt, wenn auch längst nicht so radikal, wie es wünschenswert wäre. Während die Berufswelt nach wie vor stark männlich dominiert ist, hat in der Karaoke-Demografie ein erstaunlicher Umbruch stattgefunden. Die Frauen haben nicht nur aufgeholt, sie sind sogar leicht in der Überzahl. Mehrheitlich nicht, weil sie beruflich ranmüssten, sondern weil sie Spaß an der Sache haben. Dieser Spaß hängt stark mit der Verlagerung von Karaoke vom öffentlichen in den privaten Raum zusammen, in dem man keine Gesellschaft dulden muss, die man nicht dulden möchte.

Josei Seven, ein wöchentliches Klatsch-Magazin, das eigentlich in erster Linie von Frauen mittleren Alters gelesen wird, veröffentlichte 1993 so etwas wie die Neun Karaoke-Gebote für die junge Berufseinsteigerin. Laut dem Magazin müsse unbedingt zwischen zwei Arten von Karaoke unterschieden werden: Karaoke aus Spaß und Karaoke wegen Arbeit. Im Kreis der Kolleg*innen gelten andere Verhaltensregeln als im Kreis der besten Freundinnen. Sie lauten wie folgt:

1. Dem Chef respektvoll zuhören, wenn er singt.
2. Studiere mindestens drei Duette ein, falls dein Chef mit dir singen möchte.
3. Singe nicht die Lieblingslieder deines Chefs, weil er darüber hinaus vielleicht nicht allzu viele kennt.
4. Vermeide Lieder mit deprimierenden Texten, etwa über nostalgische Themen, Trennungen oder vergangene Lieben.
5. Singe keine Lieder, die andere nicht kennen, weil sie ansonsten während deiner Darbietung anfangen könnten zu quatschen.
6. Vermeide schlüpfrige Songs, die älteren Kolleginnen missfallen könnten.
7. Wähle Lieder, die dein Chef schon mindestens einmal gehört hat.
8. Trage lieber einen Anzug als ein sexy Kleid, aus Respekt gegenüber deinen älteren Kolleginnen.
9. Wenn du gerade nicht singst, höre den anderen aufmerksam und interessiert zu.

Was auch immer man von diesen Geboten in ihrer Gesamtheit halten mag, Punkt 5 und 9 sollte sich tatsächlich jede*r hinter die Ohren schreiben, selbstverständlich unabhängig vom Geschlecht. Eine Karaoke-Box ist nicht der richtige Ort, um mit musikalischem Insiderwissen und elitärem Geschmack zu prahlen oder gar vermeintlich minder Gebildete missionieren zu wollen. Der Versuch stößt garantiert auf taube Ohren. Punkt 9 geht viel leichter, wenn alle Punkt 5 beherzigen.

In einem anderen Magazin, der wöchentlichen Frauenzeitschrift *Shūkan Josei*, erschien ein Artikel mit dem Titel „Gut singen und gut zuhören: Tipps und Manieren". Er beschreibt reichlich bebildert die korrekte Stellung, die eine Dame beim Singen einzunehmen habe: der eine Fuß etwas vor dem anderen, die Zehenspitzen nach außen, das Mikrofon in einer Hand vor dem Mund, die andere Hand an der Seite hängend – keinesfalls in der Hosentasche, an der Hüfte oder ebenfalls am Mikrofon. Das Lehnen an einer Wand sei ebenso zu vermeiden wie Zwinkern und übermäßige Körperbewegungen, die als vulgär interpretiert werden könnten.

Viele Männer in Japan glauben, Verhaltens- und Benimmregeln gelten nur für Frauen. Und daher stimmt es leider im Sinne einer tragischen selbsterfüllenden Prophezeiung auch. Nichtsdestotrotz bekommt der Mann im selben Artikel durchaus ein paar Hinweise, wie er sich besonders vorteilhaft beim Singen präsentieren kann. So gehören zum Beispiel die Füße parallel zu den Schultern auf den Boden, Fußspitzen nach außen.

Die Benimmregeln, die Frauenmagazine Frauen auferlegen, mögen bedenklich sein. Gleichzeitig sollte die Präambel des ersten Artikels nicht vergessen werden: Es gibt eben zwei Arten von Karaoke – als Verlängerung der Arbeit und als reiner Spaß. Man muss sich nur bei einer von beiden anständig benehmen. Karaoke hat durchaus einen feministischen Aspekt: Es macht japanische Frauen genauso hörbar wie japanische Männer, und das so öffentlich, wie sie wollen. Das ist leider in vielen anderen Bereichen keine Selbstverständlichkeit.

QUEERE STIMMEN

Im Westen setzte sich Karaoke außerhalb der asiatischen Minderheitengesellschaften in der queeren Gemeinde schneller durch als im cisnormativen Mainstream. Es fungierte dabei nicht nur als einfacher Freizeitspaß, sondern auch als Ausdrucksmittel und Sprachrohr sowohl der Gemeinde als Ganzes als auch ihrer Mitglieder als Individuen. In den schwul-lesbischen Ballungszentren von San Francisco und New York wurden Karaoke-Bars in den von Aids erschütterten 1980ern zu Treffpunkten, die in einem Umfeld Trost spendeten und Zerstreuung boten, das sicherer schien als klassische Treffpunkte der Gemeinde. In den Nullerjahren, in denen nicht mehr ums nackte Überleben gekämpft werden musste, sondern das Recht auf ein gleichberechtigtes, menschenwürdiges Dasein eingefordert werden konnte, waren Karaoke-Bars die Orte, an denen Aktionen organisiert und Spenden gesammelt wurden und nicht zuletzt der Kampfgeist aufgefrischt wurde.

Egal ob in Vancouver, Tokio oder Seoul, queere Karaoke-Bars und -Veranstaltungen bieten den Mitgliedern ihrer Gemeinden die Möglichkeit, sich frei auszudrücken, selbst wenn die Gesellschaft draußen Vorbehalte hat. Letztendlich aber unterscheiden sich die Gründe, warum Männer, Frauen, Kinder, Schwule, Lesben, Heteros und sonst wer singt, kaum: Selbstausdruck, Stressabbau, Freude an der Musik und möglicherweise mitunter auch Imponiergehabe. Mit letzterem kommt man allerdings bei Karaoke meist nicht weit, denn dafür ist der Spaß nicht gedacht. Wobei das durchaus nicht der einzige Fall wäre, bei dem Karaoke für spaßferne Zwecke instrumentalisiert wird.

Track 11

Karaoke, Glaube, Volk und Nation

Wenn die Religion das Singen nicht per se verbietet, macht sie es sich gemeinhin zunutze. Da liegt es nahe, dass auch Karaoke längst Einzug in den Alltag von vielen Gläubigen gefunden hat, obwohl die Diskrepanz zwischen dem Ursprung des Hobbys im verruchten Nachtleben und seiner frommen Verwendung mitunter noch für Spannungen sorgen kann. Das ist im Buddhismus nicht anders als im Christentum.

DER SINGENDE MÖNCH – FLUCH UND SEGEN

In Kambodscha ist buddhistischen Mönchen nicht nur das Karaoke-Singen untersagt. Es soll sogar verhindert werden, dass gemeine Bürger*innen Liedern über Karaoke-singende Mönche zuhören. Ein populärer Schlager des kambodschanischen Superstars Heng Bunleap wurde 2004 verboten. Er erzählte die Geschichte eines Mönchs, der seine Tracht ablegt, um sich für die Liebe zu entscheiden. Nicht zuletzt für die körperliche Liebe, wie der Liedtext für kambodschanische

Verhältnisse recht unverhohlen deutlich macht. Das Lied verunglimpfe die buddhistische Staatsreligion und buddhistische Mönche per se, hieß es, auch wenn darin nur von einem einzigen die Rede ist. Es konnte auch nicht versöhnlich stimmen, dass dieser ehemalige Mönch zum Schluss des Liedes ein Einsehen hat und die Kutte wieder anlegt. Tatsächlich machte es das in den Augen der Tugendwächter nur noch schlimmer. Ein buddhistischer Mönchsorden ist schließlich kein informelles Kaffeekränzchen, bei dem jeder kommen und gehen kann, wie es einem gerade passt.

Selbstverständlich steigerte das Verbot die Popularität des Songs als Karaoke-Titel. Straßenhändler machten die Geschäfte ihres Lebens mit schwarz gebrannten CDs des Original-Liedes und DVDs der Mitsing-Version. Verbote anderer Skandaltitel in der Region erwiesen sich ebenfalls als Segen für den Schwarzhandel.

Mit dem Mönch als allzu menschlichem Lebemann traf der Song einen wunden Punkt. Tatsächlich liefern die Männer in Roben immer wieder Negativschlagzeilen wegen ungebührlichen Verhaltens und extravaganten Lebensstils. Besonders skandalös wird es, wenn die Robe gar nicht mehr im Spiel ist. In Kambodscha und Thailand wurden Mönche verklagt, weil sie in Zivilkleidung mit dem Karaoke-Mikrofon in der Hand erwischt wurden. Im thailändischen Fall sollen sogar Frauen und eine Verkleidung des Mönchs inklusive Perücke und Sonnenbrille im Spiel gewesen sein.

Im chinesischen Kulturkreis hat man eine andere Einstellung zum Buddhismus und der Buddhismus hat eine ganz andere zu Karaoke. In China, Taiwan, Hongkong, Singapur und unter malaysischen Chinesen erfreuen sich DVDs mit alten und neuen buddhistischen Liedern als Karaoke-Versionen größter Beliebtheit. Sie werden auch von Mönchen zur Erbauung und Erweiterung ihrer Gemeinden bewusst eingesetzt, ohne dass Repressalien zu befürchten sind. Im islamischen Teil Malaysias wiederum wird Karaoke als eine Bedrohung von Sitte und Anstand angesehen und ist den Gläubigen strengstens untersagt. Amerikanische Christen haben da weniger Berührungsängste.

WAS WÜRDE JESUS SINGEN?

Einerseits wurde Karaoke im Nachtleben eines weitgehend unchristlichen Landes geboren, andererseits hat es im Grundprinzip nicht zu verleugnende Ähnlichkeiten mit Verfahrensweisen der US-Kirchen. Zum einen wurde dort schon zu Playback-Tracks gesungen, bevor Karaoke als offizieller Import den Weg nach Westen antrat. Zum anderen ist Karaoke ein Riesengeschäft. Genau wie das Christentum in den USA. Dort gibt es eine Filmwirtschaft, die speziell für Gläubige besonders fromme und erbauliche Filme produziert. Die machen so gut wie immer Gewinn, denn das Publikum ist groß und treu, auch wenn das noch größere Publikum, das gerade für *Deadpool & Wolverine* ansteht, gehässig kichert. Plattenlabel spezialisieren sich ganz auf christliche Acts, und sie haben bestimmt weniger mit Produktpiraterie und illegalen Downloads zu kämpfen als ihre weltliche Konkurrenz.

Selbstverständlich gibt es mittlerweile ebenso einen Markt für christliches Karaoke.

In den USA und Großbritannien wird Karaoke von der Kirche außerdem eingesetzt, um müde Schäfchen wieder zum Singen oder überhaupt zum Aufkreuzen (kein Wortspiel beabsichtigt) zu bewegen. In der englischen Grafschaft Nottinghamshire wurde von einer Kirche eine Karaoke-Anlage angeschafft, um die bescheidenen Gesangstalente der Gemeinde zu verbessern. Finanziert wurde sie über die Kollekte. Der Vikar prophezeite, die Anlage würde den Gottesdienst auf die gleiche Weise revolutionieren wie vor hundert Jahren die Orgel.

Und sollten die Kirchen partout leer bleiben, bietet Karaoke fortschrittlichen Geistlichen eine Möglichkeit, mit ihren Liedern selbst zu den Abtrünnigen oder noch Unbekehrten zu kommen. Dank mittlerweile leicht transportabler Karaoke-Anlagen lässt sich spontan in der kleinsten Hütte singen oder sogar direkt auf der Straße. In New York werden auf diese Art christliche Rooftop-Partys veranstaltet, in Los Angeles' Problemviertel Skid Row lässt ein klerikaler Karaoke Coffee Club seit 1996 Obdachlose ans Mikrofon. Initiiert wurde die wöchentliche Einrichtung von Pastor Tony Stallworth, der selbst einst einer von ihnen war. Der Karaoke Coffee Club soll Teilnehmer*innen bereits ausreichend Selbstbewusstsein verliehen haben, das Leben auf der Straße hinter sich zu lassen. Außerdem sind sich die Organisator*innen sicher, dass die Veranstaltung nicht nur die Freundschaft zwischen Individuen, sondern auch zwischen Stadtvierteln fördert, was im betreffenden Teil der Stadt mit seinen filmreifen und berichtenswerten Spannungen oft ein schwieriges Thema ist.

Auch in Singapur, wo der christliche Glaube mit einem Bevölkerungsanteil von achtzehn Prozent ganz gut im Mittelfeld der zehn größeren Religionen des Stadtstaats liegt, bieten Kirchen Karaoke-Veranstaltungen für Arbeitslose an. Neben positiven Gedanken sollen Tanz und Gesang die Fitness fördern, beim Entsagen von Lastern wie dem Rauchen helfen und als positiven Nebeneffekt den Herrgott im Himmel erfreuen. Doch offenbar erfreut sich nicht nur der Gott des Christentums am Gesang seiner Gläubigen.

WHO PUT THE J IN J-KARAOKE?

Ist von J-Pop die Rede, so ist damit gemeinhin die japanische Popmusik gemeint. Das J, das immer häufiger vor Karaoke zu sehen ist (wenn weit genug in die Materie vorgedrungen wird), steht nicht für dessen Herkunftsland, sondern für „Jewish". Ein gleichnamiger Online-service bietet nach eigener Aussage „koschere Unterhaltung" mit seinem Musik-Streaming-Angebot in verschiedenen Sprachen – darunter selbstverständlich Jiddisch und Hebräisch – aus unterschiedlichsten Genres von Oper bis Rap. Auch Musikstücke, die im Katalog nicht enthalten sind, sich aber im Besitz der Nutzer*innen befinden, können über einen angeschlossenen Service entvokalisiert und somit Karaoke-kompatibel gemacht werden.

Das ist gar nicht so weit entfernt von Daniel und Roman Azjens Projekt *Save the Music*. Es hat sich auf die Fahnen geschrieben, insbesondere Lieder in Jiddisch und Ladino, der Sprache der jüdischen Diaspora in Spanien und Portugal, für die Nachwelt zu erhalten. Eine der Methoden, derer sich das Vater-und-Sohn-Team dabei bedient, ist Karaoke. Der ältere Azjen erklärt: „Wir wollen die Freude daran, Jüdisch zu sein, zurückbringen, die diese Musik früher in den Menschen ausgelöst hat. Es geht nicht nur um Tradition oder Religion, sondern um Vergnügen. Wenn man die Musik verliert, verliert man den Geist." Diese Erkenntnis hat sich auch in südostasiatischen Volksgruppen herumgesprochen, die sich ähnlicher Mittel bedienen, um ihre musikalischen Traditionen aufrechtzuerhalten.

KARAOKE FÜR MASSEN UND MINDERHEITEN

War hier zuvor von Thailand und den Schattenseiten des Karaoke-Gewerbes die Rede, sollte nicht der Eindruck entstehen, Karaoke sei dort ausschließlich mit Prostitution und Gewalt verbunden. Eher durchdringt Karaoke den Alltag dort so stark, dass es schlicht aus keinem Aspekt des Lebens und der Gesellschaft wegzudenken ist, auch nicht aus den Finsteren. Über seine finsteren Verknüpfungen hinaus ist Karaoke ebenso als Familienvergnügen und harmloser Party-Spaß zu haben und kann sogar ethnischen Minderheiten ein Forum geben. Da tut sich vor allem das Mo-lam-Karaoke hervor. *Mo lam* bezeichnet traditionelle Volkslieder in recht flottem Tempo aus Laos und der ländlichen Region Isan im Nordosten Thailands. In den 1990ern hatte sich die Gattung stark kommerzialisiert und diverse Stars hervorgebracht, die Tonträger aufnehmen und regelmäßig im Fernsehen auftreten. Allerdings hatte sich gezeigt, dass deren Musik im Eigenheim nicht dieselbe Wirkung entfaltet wie auf der Bühne. *Mo lam* war ein Gemeinschaftserlebnis. In Bangkok, eigentlich kein Mo-lam-Gebiet, boten Bars bald entsprechende Karaoke-Nächte an. Das hatte so großen Erfolg, dass manche komplett auf dieses Konzept umsattelten. Angesprochen werden vor allem Arbeiter*innen aus den Regionen, aus denen die Musik ursprünglich stammte. Video-CDs der Mo-lam-Sänger*innen bieten ihnen über den sentimentalen Singspaß hinaus die Möglichkeit, die Stars der Szene in Aktion zu sehen. Viele in der Zielgruppe können sich keinen eigenen Fernseher leisten.

Ein ähnlicher Kult ist um *Luk thung* entstanden, eine weitere Gattung volkstümlicher thailändischer Lieder, die allerdings nicht auf eine allzu folkloristische Geschichte zurückblicken kann. Sie wurde nach dem Zweiten Weltkrieg in den Aufnahmestudios der großen Städte erfunden, um den Menschen vom Land mit Geschichten aus ihrem Leben zu gefallen. Das hat funktioniert. So gut, dass Luk-thung-Karaoke manchmal als Isan-Karaoke bezeichnet wird, obwohl weder die Musik noch ihre Karaoke-Bearbeitung aus dem ländlichen Nordosten kommt, sondern beides Bangkoker Phänomene sind.

In Indonesien hat Karaoke sogar Einzug in die Politik gehalten. Im Wahlkampf singen Funktionäre schon mal gegeneinander an. General Wiranto, der sich 2004 als Präsidentschaftskandidat aufstellen ließ, ist international vor allem dafür bekannt, dass das indonesische Militär unter seiner Befehlsgewalt Hunderttausende aus Osttimor vertrieben und Tausende getötet hatte. In seiner Heimat ist er auch dafür bekannt, dass er gehörige Geldsummen für Gesangsunterricht aufgewendet hat, um sein Karaoke-Talent zu schleifen. Er hat sogar eine CD mit dem Titel *Für dich, mein Indonesien* aufgenommen. Geholfen hat es nichts, sein Gegenkandidat hatte die bessere Stimme und weniger Blut an seinen Händen. Politische Karriere auf kleinerer Flamme machte Wiranto trotzdem. (Über 10.000 Kilometer weiter westlich bekannte sich ein weiterer windiger Politiker bedingungslos zum Karaoke: Silvio Berlusconi blieb seinem Hobby auch treu, nachdem sich eine populäre italienische Karaoke-TV-Show als von Profi-Sänger*innen unterwandert herausgestellt hatte.)

Auch in Kambodscha wird Karaoke nicht nur zum eitlen Spaß an der Freud eingesetzt. Die Regierung gibt Mitsing-Nummern zu erbaulichen Themen wie beispielsweise die Reisernte in Auftrag. Sie werden dann mit Karaoke-Trucks der Landbevölkerung nahegebracht. Gleichwohl man dort nicht zu allen Formen von Karaoke ein so gutes Verhältnis hat. 2005 sollte das Phänomen wegen seiner Verquickung mit dem Sexgewerbe komplett ausradiert werden und wurde verboten. Entsprechende Bars entledigten sich des Begriffs, machten aber trotzdem weiter wie bisher. Und wenn die notwendige Ausrüstung konfisziert wurde, ließ sich jemand mit einer Heimorgel und einem Drucker für die Textblätter finden. In Kambodscha ist ein Leben ohne Karaoke einfach unvorstellbar.

Das hat das Land mit Myanmar gemeinsam. Die ethnische Gruppe der Mon ist vor allem im Südosten beheimatet. Neben der Unterhaltung bietet Karaoke ihnen eine Möglichkeit, die eigene Sprache und die eigenen musikalischen Traditionen in einer Mehrheitsgesellschaft zu pflegen, die dies oft erschwert. Außerdem bieten Karaoke-Bars in der krisengeschüttelten Region relativ sichere Arbeitsplätze insbesondere für junge Frauen, wenn immer mehr Textilfabriken aufgrund internationaler Sanktionen und des Bürgerkriegs zwischen dem Militärregime und der People's Defense Force schließen müssen. Das ist oft mit einer enormen Gehaltssteigerung verbunden, aber auch mit einem sehr übergriffigen Arbeitsumfeld.

Eine weitere ethnische Minderheit, die Karaoke zur Traditionswahrung nutzt, ist das Volk der Cor in Vietnam. Musik ist einer der wichtigsten Bestandteile der Cor-Kultur, die nahezu jeden Aspekt des Alltagslebens mit Liedern vertont hat. Karaoke ist heute eine der wichtigsten Methoden, diese Musik an jüngere Generationen weiterzugeben. Dabei muss es nicht immer nur unterhaltsam zugehen. Die Cor und andere ethnische Gruppierungen der Region nutzen Karaoke auch, um patriotisches Liedgut zu verbreiten und zum Kampf für mehr Unabhängigkeit aufzurufen. Von all dem ahnt man im Rest der Welt wenig, wenn von Karaoke erzählt wird. Und das wird es immer häufiger, in Film und Fernsehen, in der Literatur und sogar in der bildenden Kunst.

Track 12

Karaoke-Storys

Den meisten Menschen dürfte Karaoke durch Film und Fernsehen bekannt gewesen sein, bevor sie dem Phänomen aktiv oder passiv zum ersten Mal in freier Wildbahn begegneten. In Spielfilmen und TV-Serien wird es häufig eingesetzt, um komödiantische Effekte zu erzielen oder romantische Momente zu verstärken, Figuren deutlicher zu zeichnen oder einfach ein bisschen Musik ins Spiel zu bringen, ohne das Ganze gleich in surreale Musical-Nummern ausarten zu lassen.

DER ANFANG WAR … SCHWIERIG ZU BESTIMMEN

Laut dem Musikkritiker Rob Sheffield tauchte Karaoke in der amerikanischen Popkultur zum ersten Mal 1986 in dem Videoclip zum Song „Wild, Wild Life" der amerikanischen New-Wave-Band Talking Heads auf. Wer zu jener Zeit ein pop-intellektueller Teenager war, ist heute geneigt, mit dem Kopf zu nicken und zu denken: „Stimmt. So war das, damals." Bis er*sie sich die Mühe macht, das Video tatsächlich einmal wieder anzusehen, und feststellen muss: Karaoke kommt darin gar nicht vor. Mit seinem 60er-Jahre-Ambiente wäre das

Video außerdem mit Karaoke in den USA viel zu früh dran. (Sheffields weiterer Behauptung, es sei in einem japanischen Karaoke-Club gedreht worden, darf ebenfalls misstraut werden.)

Der Journalist wird sich entweder falsch erinnern oder das Video falsch verstanden haben. Es handelt sich um ein Begleitfilmchen zum Spielfilm *True Stories*, dem Regiedebüt des Talking-Heads-Frontmanns David Byrne. Darin tanzen die verkleideten Bandmitglieder und Teile der Filmbesetzung zum Vollplayback des Songs und bewegen ihre Lippen. Das ist nun gerade nicht das, was bei Karaoke gemacht wird. Da sollte man schon richtig singen. Dennoch weist das Video (ebenfalls von Byrne inszeniert) gewisse Charakterzüge von Karaoke auf. Performance, Selbstausdruck und Imitation sind hier wie dort wichtige Eigenschaften. Für ein paar Minuten auf einer Bühne, vor einem Mikrofon ein anderer sein – das praktizieren die Figuren von „Wild, Wild Life", und das ist nicht weit von Karaoke entfernt. Trotzdem ist es nicht dasselbe, und das sollte es wohl auch nicht sein.

Das erste Vorkommen von Karaoke in einem anderen Medium ist schwer zu bestimmen, im Osten wie im Westen. Fest steht, dass es heute kaum noch als dramaturgisches Hilfsmittel aus Spielfilmen und ähnlichen Formaten wegzudenken ist. An die Grenzen seiner Ausdruckskraft und seines Gehalts stößt Karaoke dabei offenbar nur, wenn es zum alleinigen Mittelpunkt von Erzählungen wird. All das versuchte man insbesondere um die letzte Jahrtausendwende auszuloten.

ZEIG MIR, WIE DU SINGST, UND ICH SAG DIR, WER DU BIST

Zwei bekannte Karaoke-Szenen aus sehr bekannten romantischen Komödien illustrieren bestens, auf welche Art Karaoke in Film und Fernsehen meistens verwendet wird: entweder um Charaktere als lächerliche Figuren darzustellen beziehungsweise sie im Zuge einer dramatischen Handlungswendung zu blamieren oder um zu zeigen, was in ihnen steckt. Der Film *Bridget Jones – Schokolade zum Frühstück* steht sicherlich auf der Seite seiner Protagonistin. Das bedeutet jedoch nicht, dass er sie schont. Jones trinkt zu viel, isst zu viel, flucht zu viel, treibt zu wenig Sport, verliebt sich in die falschen Männer, singt die falschen Lieder und trifft nicht die richtigen Töne. Eine recht frühe Szene fasst einen Großteil ihres charakterlichen Dilemmas in nur einem Augenblick zusammen. Es ist ein Karaoke-Augenblick. Gerade als ihr Chef, in den sie natürlich verknallt ist (ein relativ junger Hugh Grant, was will man machen?), die Weihnachtsparty im Verlagshaus betritt, in dem sie beide arbeiten, ermordet sie stimmlich die Rockballade „Without You" (1970) der britischen Band Badfinger, hörbar angetrunken und zu allem Überfluss mit einem Lametta-Geweih auf dem Kopf. Der Raum ignoriert sie geflissentlich, abgesehen von ihrem Chef. Die Szene bleibt in Erinnerung, obwohl der Gesang von Jones-Darstellerin Renée Zellweger im Film gnädigerweise kaum länger als zehn Sekunden zu hören ist.

Wenige Jahre zuvor versuchte sich Cameron Diaz als schräge Karaoke-Sängerin ebenfalls in einer romantischen

Komödie. In *Die Hochzeit meines besten Freundes* gibt sie den Burt-Bacharach-Song „I Just Don't Know What to Do With Myself" zum Besten, dem seit 1962 unter anderem Dusty Springfield, Dionne Warwick und The White Stripes Chart-Platzierungen zu verdanken haben (letztere erst nach Diaz' Darbietung im Jahr 2003). Anders als in der kurzen Party-Szene in *Bridget Jones* gibt sich die von Diaz gespielte Figur Kimmy nicht freiwillig der Musik hin, sondern wird von Jules (Julia Roberts) dazu genötigt, da diese um Kimmys Mangel an Gesangstalent weiß und sie vor ihrem zukünftigen Ehemann der Lächerlichkeit preisgeben möchte.

Anfangs scheint das aufzugehen. Kimmy singt schüchtern und schrecklich, Zuhörende reagieren entsprechend. Aber dann geschieht ein Wunder. Die transformative Kraft des Karaoke und der Karaoke-Begeisterten rettet die Situation und stellt sie komplett auf den Kopf. Das Publikum fasst sich ein Herz, jubelt Kimmy immer stärker zu, und schließlich findet sie selbst Gefallen an der Sache, obwohl sie nach wie vor nicht singen kann. Selbstverständlich schaut sie auch der Mann, den sie heiraten wird, nach der Nummer noch verliebter an, als er ihr lachend versichert, wie furchtbar sie war.

Die Szene aus *Die Hochzeit meines besten Freundes* gehört zu den authentischsten Darstellungen des Reizes von Karaoke auf der großen Leinwand. Wir alle sind Kimmy (vorausgesetzt wir sind nicht Adele oder George Michael). Beim ersten Mal greift kaum jemand gerne zum Karaoke-Mikrofon, vorausgesetzt der Gesang ist nicht ohnehin schon Teil des eigenen Lebens. Doch ist man erst mal dabei, geschieht das Unvorstellbare: Es macht plötzlich Spaß. Man singt nicht plötzlich besser (und wird es wohl nie tun), aber das ist völlig unerheblich. Die anderen (zumindest die meisten der anderen) können es ebenfalls nicht besser, und gleich wird es der Nächste unter Beweis stellen. Niemand ist gemein zu einem, weil Karaoke kein gemeiner Konkurrenzkampf ist, sondern eine gemeinsame Übung in Schrecklichkeit, die gar nicht so schrecklich ist, wenn alle Spaß haben und es nicht mit einem Konzert verwechseln.

Angesichts des Schreckens, den Karaoke verbreiten kann, ist es nicht verwunderlich, dass es nicht nur in romantischen Komödien sein filmisches Zuhause gefunden hat, sondern auch im Horrorfilm. In der Fortsetzung *Ich weiß noch immer, was du letzten Sommer getan hast* von 1998 behauptet eine Bardame in dem Urlaubsort, in dem der Film spielt, zu ihren Lieblingsbeschäftigungen gehöre es, sich über Tourist*innen lustig zu machen und sie dazu zu bringen, sich selbst zum Affen zu machen. Dabei zeigt sie auf die Karaoke-Anlage in ihrem Etablissement. Schnell werden die jugendlichen Archetypen des Slasher-Films charakterisiert: Die Leichtlebigen und Freizügigen, von denen die meisten freilich bald sterben müssen, sind sofort Feuer und Flamme (besonders schön ausgesprochen im amerikanischen Originalton: „Oh, carry-owkey!"). Das schüchterne Final-Girl hingegen ist anfangs gar nicht begeistert. Es will partout nicht *carry-owkey* singen. Trotzdem wird die junge Frau wie Kimmy von ihrem Freundeskreis genötigt. Anders als Kimmy stellt sie sich als nicht völlig talentfrei heraus, als sie hellsichtig „I Will Survive" intoniert. (Tatsächlich machte die Schauspielerin Jennifer Love Hewitt unmittelbar nach diesem Film kurz Karriere als Sängerin;

der Kommentar „Everyone's a fucking singer!" der Bardame wirkt da wie ein verfrühter Insider-Gag.) Genau wie Kimmy findet sie nach wenigen Takten Gefallen an der Sache. Natürlich nur, bis der Killer ihr über den Textbildschirm versichert, dass er immer noch weiß, was sie letzten Sommer getan hat.

Die Hochzeit meines besten Freundes, Bridget Jones und *Ich weiß noch immer, was du letzten Sommer getan hast* kamen Ende der 1990er beziehungsweise Anfang der Nullerjahre in die Kinos. Da hatte Karaoke es sich in der westlichen Welt bereits so gemütlich gemacht, dass es nicht mehr als exotisch oder „typisch japanisch" wahrgenommen wurde. Die Bar, in der Cameron Diaz singt, könnte eine x-beliebige amerikanische Honky-Tonk-Country-Kneipe sein mit einem typischen amerikanischen Honky-Tonk-Country-Kneipen-Publikum. Die Büroparty, auf der sich Renée Zellweger gehen lässt, ist eine für den westlichen Kulturkreis absolut typische Büroparty. (In Japan würde man dafür das Büro verlassen, denn was außerhalb des Büros passiert, bleibt außerhalb des Büros. Eine in Stein gemeißelte Regel im japanischen Arbeitsleben.) Das sah zehn Jahre zuvor noch anders aus.

LOST AND FOUND IN TRANSLATION

Der Action-Thriller *Black Rain* von Ridley Scott entstand Ende der 1980er und setzt ganz auf Japan als exotische Kulisse mit exotischen Bräuchen. Wenn Andy Garcia hier in einem edlen Nachtclub die Bühne betritt, um einen zum Besten zu geben, ist Karaoke noch etwas typisch Japanisches.

Allerdings wird, ob bewusst oder unbewusst, hier nicht die in den 1980ern dominante Form von Karaoke gezeigt, sondern eher die Vorform im Stile Daisuke Inoues, der noch selbst in die Tasten haute, bevor er seine Playback-Maschine baute.

Die Szene ist außerdem, wie der Rest des Films, nicht ganz frei von einer gewissen amerikanischen Überheblichkeit (oder einer westlichen Arroganz, wenn wir etwas breiter pauschalisieren wollen). Die Japaner können nicht nur ihre Kriminalfälle nicht allein lösen, wie es die Haupthandlung des Films suggeriert, sondern müssen sich auch noch zeigen lassen, wie Karaoke ordentlich geht. Garcias Figur instruiert zuerst den Pianisten, wie amerikanische Musik richtig zu spielen sei, dann animiert er einen steifen japanischen Polizeikollegen, mit ihm gemeinsam zu singen. Der ist zuerst von Garcias lockerer, gockelhafter Art brüskiert, findet aber im Verlauf doch Spaß am Duett. Der übliche Karaoke-Effekt halt.

Die 1980er, in denen die japanische Wirtschaft international besonders aggressiv expandierte, waren ein fruchtbarer Nährboden für amerikanische Filme, die eine Faszination von Japan mit einer großen Portion Misstrauen vermischten. In *Blade Runner* (1982, ebenfalls von Ridley Scott) stellte die von Yokohama inspirierte Optik eines damals futuristischen Los Angeles im Jahr 2019 (!) einerseits ein ästhetisch verheißungsvolles Verkaufsargument dar, andererseits sendete sie eine klare Botschaft: Das ist nicht mehr das gute alte Amerika. Das ist ein feindlich übernommenes Amerika – nicht nur wirtschaftlich, sondern auch kulturell. In *Stirb langsam* (erstaunlicherweise nicht von Ridley Scott) wurde dasselbe

Nudelsüppchen auf etwas kleinerer Flamme gekocht: Die japanische Firma, in deren beeindruckender Bürofestung auf amerikanischem Boden Bruce Willis als John McLane zum Helden werden muss, hat dem Protagonisten die Frau ausgespannt, denn sie muss nur noch arbeiten, arbeiten, arbeiten (japanische Gepflogenheiten eben) und hat keine Zeit mehr für die amerikanische Familie.

Dieses Spannungsfeld aus Faszination und Misstrauen schreit nach einer diplomatischen Lösung. Und da kommt wieder Karaoke als Softpower-Wunderwaffe ins Spiel. Wird, wie in *Black Rain*, gemeinsam gesungen, kann das Verhältnis so schlecht nicht sein. In gewissem Sinne markiert der Film den Übergang in ein neues Zeitalter der Japan-Wahrnehmung. Man hat nun keine Angst mehr vor dem geheimnisvollen Land mit seinen seltsamen Bräuchen. Japaner sind in *Black Rain* zwar nicht durchgehend gut, sie werden allerdings auch nicht mehr als pauschale Bedrohung dargestellt. (Der Film war, nicht zuletzt dank prominenter japanischer Darsteller neben Garcia und Michael Douglas, ein großer Erfolg im Osten wie im Westen.)

In *Lost in Translation* (2003) ist Karaoke wieder typisch japanisch, obwohl andere westliche Filme es längst vom kulturellen Kontext befreit hatten. Aber in *Lost in Translation* wird ohnehin einiges als „typisch japanisch" verkauft, was eher typisch menschlich ist. Die Geschichte um zwei verlorene Seelen, die einander in der Fremde begegnen, hätte überall spielen können, wo sie fremd sind, zum Beispiel in Reykjavik oder Bielefeld. Karaoke gäbe es dort auch. Wenngleich der Big-Budget-Action-Blockbuster und die preiswerte Indie-Dramödie oberflächlich wenig gemein haben, so ist *Lost in Translation* doch dort angekommen, wohin *Black Rain* den Weg gewiesen hat: Bei einer amerikanischen Sicht auf Japan, die neugierig und bisweilen ein bisschen belustigt ist, aber nicht mehr von Angst oder Ressentiments geprägt.

DIE EWIGE NEBENROLLE

So oft Karaoke auch im Film vorkommt, es bleibt zur Nebenrolle verdammt. Als Hauptthema scheint es nicht zu locken. Im US-Film *Duets – Traumpaare* aus dem Jahr 2000 (um die Jahrhundertwende war Karaoke aus dem Kino nicht wegzudenken) dreht sich alles um Karaoke-Wettbewerbe und die exzentrischen Charaktere, die an ihnen teilnehmen. Gespielt wurden sie unter anderem von Gwyneth Paltrow, Huey Lewis und Paul Giamatti. Der Film stieß bei der Kritik auf wenig Gegenliebe und spielte weltweit nicht mal ein Drittel seines moderaten Budgets ein. Das Soundtrack-Album allerdings erreichte in den USA und Australien Goldstatus.

Selbstverständlich spielt Karaoke auch im asiatischen Kino immer wieder eine Rolle. Bezeichnend ist, dass es dort selten darum geht, wer was wie vor wem singt. Alles spielt sich in den Karaoke-Kabinen ab, die in Japan und vielen anderen asiatischen Ländern heute üblicher sind als die große Bar. Die Kabinen sind reine, selbstverständliche Kulissen für Szenen, die nichts mit Gesang zu tun haben. Mit „Wein und Weib" hingegen schon, denn diese Räume müssen insbesondere in südkoreanischen Thrillern als Orte dekadenter

Gangster-Feiern herhalten. Oft enden sie blutig. Und das ganz, ohne dass irgendjemand „My Way" gesungen hätte. In der wirklichen Welt sind spektakuläre Gewalthandlungen in Karaoke-Kabinen aber äußerst selten. Derart erhitzen sich Gemüter wohl nur, wenn beim Singen Fremde aneinandergeraten. In der Kabine hingegen ist normalerweise von vornherein klar, mit wem gesungen wird. Außer in südkoreanischen Gangster- und Polizeifilmen sind diese Orte veritable *Safe Spaces* für Hobbysänger*innen. Und das bildet sich unter anderem im japanischen Zeichentrick-Fernsehen ab.

DEATH METAL, DRUCKABBAU UND BILDENDE KUNST

In den letzten Jahren verzeichnet Japan einen Trend zu Cartoon-Figuren, die einerseits süß und familienfreundlich daherkommen, sich jedoch andererseits mit unbequemen gesellschaftlichen Wahrheiten auseinandersetzen, über die sich Erwachsene nicht mal dann gerne unterhalten, wenn sie unter sich sind. Eine ist das ewig müde Ei Gudetama, das am liebsten den ganzen Tag unter seiner Speckdecke schlafen und seine Probleme hinwegträumen würde. Eine andere ist die rote Pandadame Aggretsuko oder Aggressive Retsuko. Retsuko ist eine junge Angestellte in der Buchhaltungsabteilung eines großen Unternehmens. Den Frust über ihr Single-Leben, ihre bekloppten Kolleg*innen und ihren sexistischen Chef (sinnbildlich und buchstäblich ein Schwein) schreit sie sich abends beim Death-Metal-Karaoke von der Seele. Denn selbstverständlich ist Karaoke auch das: Stressbewältigung.

Der selbsternannte Sex-Pistols-Erfinder Malcom McLaren inszenierte in der Multimedia-Installation *The Casino of Authenticity and Karaoke* seine Biografie als Karaoke-Erlebnis. Neben ihm setzte sich in der bildenden Kunst unter anderem die südkoreanische Künstlerin Bul Lee in ihrer Installation *Live Forever* mit der Materie auseinander. Bei ihren Ein-Personen-Karaoke-Pods wird der Gesellschaftsspaß zur reinen Privatsache. Das soll den Druck nehmen. Laut der Künstlerin stellt Karaoke in seiner klassischen Form die Teilnehmenden nämlich vor eine unmögliche Situation: einen Song zu wählen, der zur eigenen persönlichen, sentimentalen Vergangenheit ebenso spricht wie zum unmittelbaren sozialen Umfeld im Hier und Jetzt. Dabei muss er oder sie auch noch so tun, als würde das Spaß machen. In den Pods ist man allein mit dem eigenen Begehren und kann diesem freien Lauf lassen. Zumindest solange man den richtigen Pod gewählt hat, denn die drei Exemplare sind mit Songs und Videos zu bestimmten Themen bestückt, die bei Karaoke und möglicherweise im Rest des Lebens von großer Bedeutung sind. Ein Pod verhandelt das Verhältnis zwischen Ruhm und Unsterblichkeit, einer die Liebe, und ein anderer vertont das Leben mit von der Künstlerin als hymnisch empfundenen Werken, darunter „Once in a Lifetime" von Talking Heads oder „Space Oddity" von David Bowie.

Bul Lees Karaoke-Pods von 2001 funktionieren als eine kritische Auseinandersetzung mit der klassischen Karaoke-

Bar, in der laut der Website des New Museum of Contemporary Art in New York vor allem zwei Arten von Menschen aufzufinden sind: solche, die Angst davor haben, beobachtet zu werden, und solche, die Angst davor haben, nicht beobachtet zu werden. Inzwischen hat allerdings das reale Karaoke das Kunst-Karaoke längst eingeholt: Solo-Singen ist zumindest in Asien keine Seltenheit mehr (Pandadame Retsuko bevorzugt ebenfalls die Einzelkabine). Vielleicht wird die Literatur dem Karaoke neue Aspekte abringen. (Spoiler: Es sieht bislang allerdings nicht danach aus.)

LET'S READ KARAOKE

Es ist kein Wunder, dass Karaoke in Film und Fernsehen allgegenwärtig ist. Es hat enormes visuelles und performatives Potenzial. Freud, Leid und Leidenschaft von Karaoke in reine Worte zu fassen, ist hingegen schwieriger. So sind große Karaoke-Momente in der Weltliteratur äußerst rar. Was nicht heißen soll, dass sich nie jemand daran versucht hätte, dieses ganz besondere Erlebnis in Prosaform zu bannen. Ganz im Gegenteil. Bisweilen wünscht man sich sogar, ähnlich wie bei einem echten Karaoke-Abend, der eine oder die andere hätte sich kürzer gefasst oder wäre gänzlich stillgeschwiegen.

Die Karaoke-Ballungszentren Japan und Südkorea haben neben ihrer Affinität zum quasiöffentlichen Singen gemein, dass sie einen starken Verschleiß an jungen, westlichen Englisch-Lehrkräften haben (wer den Einheimischen beim englischen Parlieren zuhört, muss feststellen, dass die jungen

Lehrkräfte in Südkorea offenbar eine höhere Erfolgsquote haben). Es ist eine wechselseitige Lehr- und Lernerfahrung: Die japanischen und südkoreanischen Schüler*innen lernen (hoffentlich) eine neue Sprache, die Lehrer*innen (ganz bestimmt) etwas fürs Leben. Sie sind womöglich zum allerersten Mal auf längere Zeit einer fremden Kultur ausgeliefert, und alles daran ist faszinierend: der Geschmack, der Geruch, das Aussehen und die Verpackung von Essen; die Knöpfe an der Toilette; die Geräusche und Farben der Verkehrsampeln und natürlich die lokalen Bräuche. Also vor allem Karaoke. Und wenn sie vom eigenen Erleben so fasziniert sind und wenn sie darüber hinaus meinen, wie es der Jugend oft geschenkt ist, dass dieses Erleben einzigartig auf der Welt und erstmalig in der Weltgeschichte ist, dann halten sie es schriftlich sehr detailliert fest. Manchmal (viel zu oft) werden sogar Bücher daraus. Und so entstand ein ganzes Subgenre, das „Ich-in-der-Karaoke-Box-Literatur" heißen könnte. Die typische „Schaut-mal-wie-viel-ich-trinken-kann"-Literatur der Adoleszenz ist zu einer „Schaut-mal-wie-viel-ich-singen-kann"- beziehungsweise häufig zu einer „Schaut-mal-wie-viel-ich-singen-UND-trinken-kann"-Literatur geworden. Bei besonders forschen Jungliterat*innen auch zu einer „Schaut-mal-wie-viel-ich-singen-UND-trinken-UND-schnackseln-kann"-Literatur.

Der Erkenntnisgewinn und der Unterhaltungswert für Leser*innen, die nicht dick mit den Autor*innen befreundet sind oder bei den geschilderten Ereignissen dabei waren, hält sich in der Regel sehr in Grenzen. Auf einzelne dieser Werke gezielt einzugehen, überhöhte ihre Bedeutung. Vielleicht lautet die Lehre, die aus ihnen gezogen werden kann: Karaoke scheint Spaß zu machen, aber das von anderen erzählt zu bekommen, kann schnell langweilig werden.

Der schon erwähnte Rolling-Stone-Journalist Rob Sheffield sticht mit seinem Memoirenband *Turn Around Bright Eyes: The Rituals of Love & Karaoke* aus der Masse der Pennäler-Prosa um Suff, Sex und Gesang immerhin ein bisschen heraus. Er versucht darin, seine Karaoke-Leidenschaft mit ernsteren Themen in Bezug zu setzen: der frühe Tod seiner ersten Ehefrau, das Finden einer neuen Liebe, leben in New York nach dem Fall des World Trade Centers oder das Verhältnis zu seinen Eltern. Dabei gelingen ihm ein paar ergreifende Passagen, und zwar immer dann, wenn er sich ganz auf diese fraglos wichtigeren Themen konzentriert und von Karaoke keine Rede ist. Die Schilderungen seiner Gesangserlebnisse sind – wie die der weniger talentierten Karaoke-Literat*innen – geprägt von etwas prahlerischen Anekdoten über mutwilliges Fehlverhalten im öffentlichen Raum und einer ironischen Trash-Attitüde, ohne die im Westen Karaoke selten geliebt werden darf.

Was auch immer man von der Karaoke-Literatur halten mag, in China hat das Konzept immerhin einen Literaturwettbewerb inspiriert. Unter der Schirmherrschaft des renommierten Autors Yu Hua *(Leben, Brüder)* waren Teilnehmer*innen angehalten, Mini-Romane von 350 Worten per Textnachricht einzureichen (sie hätten sie auch gleich Kurzgeschichten nennen können). Für Yu ist das so etwas wie die Anwendung des Prinzips Karaoke auf die Literatur. „Vor der Erfindung von Karaoke konnten nur wenige Menschen öffentlich singen oder trauten sich überhaupt", erzählte er der

Zeitung *Shanghai Daily*. „Dank Karaoke kann nun einfach jeder öffentlich singen, wann immer einem danach ist. Das Mobiltelefon ermöglicht dasselbe für die Literatur." Ein wenig hinkt der Vergleich schon, müssen die Autor*innen sich ihre Texte idealerweise doch selbst ausdenken und nicht bloß etwas bereits Existierendes abschreiben oder nachempfinden.

Es gibt eine literarische Ausdrucksform, die auf den ersten Blick ob ihrer Herkunft für die erzählerische Umsetzung von Karaoke prädestiniert scheint: der Manga. Doch während es japanische Comics gibt, die noch den geringsten Nischen-Sportarten epische, mehrbändige Erzählungen abringen, sind Mangas, in denen Karaoke im Mittelpunkt steht, Mangelware. Ein sehr erfolgreiches Beispiel gibt es immerhin: *Let's Go Karaoke*, geschrieben und illustriert von der Künstlerin Yama Wayama. Darin geht es um die Männerfreundschaft zwischen einem Yakuza und einem High-School-Chorknaben. Der Gangster heuert den Schüler an, um ihm das Singen beizubringen.

Die Entstehungsgeschichte von *Let's Go Karaoke* hat etwas von dem Do-It-Yourself-Geist, der auch Karaoke innewohnt (sowohl auf Seiten der Praktizierenden als auch auf jener der Erfinder). Da Wayamas Herausgeber die Yakuza-Geschichte nicht passte, brachte sie den Manga als *Doujinshi* heraus, einen selbstpublizierten Comic, wie sie zuhauf auf entsprechenden Conventions verkauft werden. (Wenn jemand versucht, ihnen Yakuza-Geschichten unterzujubeln, sagen Entscheider*innen der japanischen Unterhaltungsindustrie oft, dass dieses Genre nur noch alte Männer interessiere. Alte Männer interessieren aber diese Entscheider*innen nicht.) *Let's Go Karaoke* verkaufte sich auf Liebhaber*innen-Veranstaltungen so gut, dass sich schließlich doch ein richtiger Verlag dafür fand und inzwischen sogar ein abendfüllender Spielfilm daraus wurde. Der hat es allerdings nicht über Platz 7 der nationalen Kinocharts hinausgeschafft. Dabei ist schwer zu sagen, ob es an der Yakuza- oder der Karaoke-Thematik oder an ganz anderen Faktoren lag. Womöglich bleibt es dabei: In den meisten Erzählungen macht sich Karaoke am besten in den Nebenrollen. Im Reality- und Wettbewerbs-Fernsehen sieht das anders aus.

Track 13
Zurück in den Äther

Die Szene ist an Dramatik kaum zu überbieten. Die junge Sängerin steht endlich einmal im Mittelpunkt. Ihre Musikgruppe hat so viele Mitglieder, dass sie in einzelne Teams unterteilt ist. Das Team dieser Sängerin sitzt bei öffentlichen Auftritten meistens auf der Reservebank. Heute steht sie ganz allein vor der Kamera und singt mit Inbrunst, Charme und Finesse die Lieder anderer. Damit beweist sie gleich zwei Dinge: dass sie einen prominenteren Platz im Rampenlicht verdient hätte und dass die vermeintlichen Hupfdohlen moderner Girlgroups, die in Japan sogenannten *Idols*, stimmlich gar nicht so talentfrei sein müssen, wie es ihnen oft nachgesagt wird. Neun Lieder hat sie schon geschafft, darunter Oldies und relativ aktuelle Hits diverser Genres. Noch ein Song trennt sie vom Sieg und dem damit verbundenen Preisgeld. Sie kann zwischen fünf Nummern wählen. Sie entscheidet sich für einen Song von Yoasobi, dem Popduo, das es während der Pandemie vom Homerecording-Act zum Stadien-Crowdpleaser geschafft hat (die Stadien machten natürlich erst nach der Pandemie wieder auf). Ist das eine kluge Wahl? Die Nummern von Yoasobi sind recht komplex und mit viel maschineller Trickserei umgesetzt, auch und gerade beim

Gesang. Für einen echten Menschen dürfte das schwierig nachzusingen sein.

Die junge Sängerin schlägt sich anfangs gut, doch kurz vor Schluss bricht die Musik dramatisch ab, infernalisches Rotlicht erleuchtet den Raum, und eine kalte, verzerrte Computerstimme informiert uns, bei welcher Silbe die Sängerin um einen halben Ton danebengelegen hat. Sie hat heute nichts gewonnen außer unserer Sympathie.

DER TEUFEL STECKT IM ALLERKLEINSTEN DETAIL

Mit Fernsehshows wie *Oni Renchan* (in etwa: Nonstop-Teufel) kehrt Karaoke in das Medium zurück, das seine Erfindung einst inspiriert hatte. Die Show des Privatsenders Fuji TV hatte ihre Premiere im Mai 2022 und brauchte nicht lange, um zu einem generationen- und klassenübergreifenden Gesprächsthema vor und nach der Ausstrahlung zu werden. Seit mehr als zwei Fernsehsender und mehr als eine Handvoll Medienarten um Aufmerksamkeit buhlen, ist so was zu einem seltenen Erlebnis geworden. Wie bei den meisten erfolgreichen Fernsehsendungen ist das Grundkonzept denkbar simpel: Kandidat*innen müssen Teile von zehn bekannten Songs mit steigendem Schwierigkeitsgrad singen und dabei jeden einzelnen Ton korrekt treffen, wenn sie das Preisgeld von einer Million Yen abgreifen wollen. Wer einmal auch nur für eine Silbe einen halben Ton danebenliegt, fliegt. Manche Patzer sind für das menschliche Ohr kaum zu hören, doch der Computer wacht über das Prozedere. Im unteren Bildschirmrand wird nicht nur der Text zum Mitsingen eingeblendet, sondern auch die Tonhöhe des Songs sowie die des*der Kandidat*in. Bei der kleinsten Abweichung zwischen den Linien wird sofort abgebrochen, und das geschilderte Szenario aus rotem Licht und verzerrter Stimme setzt ein.

Ein tadelloses Gesangstalent ist Grundvoraussetzung, um in der Sendung auch nur über das erste Level hinauszukommen. Daher werden in *Oni Renchan* nie die offensichtlich ungeeigneten Totalausfall-Kandidat*innen zu sehen sein, die zur hämischen Belustigung von Publikum und Jury in westlichen Gesangssendungen mitbesetzt werden. (Die findet man übrigens nicht mal in japanischen Casting-Shows. Falls sich solche Leute dort überhaupt bewerben, werden ihre Auftritte nicht gesendet. Japaner*innen sehen offenbar lieber geübten Menschen beim Singen und Tanzen zu.) Gleichwohl sind Engelsstimmen und Rockröhren bei Weitem nicht die einzigen Gründe, warum Kind und Kegel am Sonntagabend einschalten.

Die Kandidat*innen, die oft nicht zum ersten Mal dabei sind, werden im Nullkommanichts zu Identifikationsfiguren. Obwohl sie für uns singen, himmeln wir sie nicht an wie Popstars, sondern fiebern mit ihnen mit, wie wir mit Sportler*innen mitfiebern. Wir sind am Boden zerstört, wenn sie kurz vor Schluss noch einen Ton versemmeln. Wir hüpfen mit ihnen auf der Stelle, wenn sie das Preisgeld, das bar in großen Scheinen überreicht wird, in der Hand halten. Dabei macht es nichts, dass manche von ihnen einigermaßen bekannte Medienpersönlichkeiten sind, die das Geld sicherlich nicht nötig haben. Im westlichen Fernsehen würde es sich ziemen, dass solche Menschen ihre monetären Gewinne guten Zwecken zuführen. In Japan herrscht ein weniger schuldbehaftetes Verhältnis zum Geld. In anderen Shows treten ebenso Prominente gegeneinander an, um Geldpreise zu gewinnen, die hinterher wahrscheinlich mit anderen Prominenten versoffen anstatt gespendet werden. Das Publikum gönnt es ihnen.

DÜNNE FISCHE, ROBOTERFRAUEN UND STARGESCHWISTER

Komplett unprofessionell ist niemand, der oder die bei *Oni Renchan* auftritt. Damit geht oft auch ein gewisser Bekanntheitsgrad einher. Aktuelle Charts-Spitzenreiter verirren sich zwar nicht auf diese Bühne, aber die Teilnehmer*innenschaft ist ein buntes Sammelsurium aus Popstars der letzten oder vorletzten Saison; Nachwuchsstars, die in den oft extrem vielköpfigen japanischen Boy- und Girlgroups in einer der hinteren Reihen tanzen; hartnäckige Beinahe-Stars, die ein ums andere Mal am großen Durchbruch vorbeigeschlittert sind; YouTuber, die (wie insgeheim alle YouTuber) doch lieber ins richtige Fernsehen wollen; und ganz oft halb bekannte Entertainer*innen anderer Sparten (meist Komiker*innen), die endlich mal ihr Gesangstalent unter Beweis stellen wollen. Wer die Unterhaltungskünste von der Pike auf gelernt hat, hat immerhin selten nur eine Disziplin studiert.

Eine der quirligsten Dauer-Kandidatinnen ist Misono Koda, die aus gutem Grund nur als Misono auftritt. Sie ist die jüngere Schwester von Kumi Koda, einer der erfolgreichsten J-Pop-Sängerinnen, und stand zeit ihrer eigenen Gesangskarriere in deren Schatten. Ihr bislang letztes Album trug 2014 den Titel *Wenn dieses Album keine 10.000 Stück verkauft, wird Misono keine CDs mehr veröffentlichen können.* Es gingen nur knapp 3.000 Exemplare über die Ladentheken. Entgegen anders lautender Mutmaßungen zog sich Misono jedoch nicht aus dem Unterhaltungsgeschäft zurück, sondern stellte lediglich die Musikproduktion ein. Fortan war sie als das unterwegs, was in Japan häufig ein bisschen großzügig als *Tarento*, ein Talent, bezeichnet wird. *Tarento* müssen nichts Besonderes können, solange sie nicht kamerascheu sind. Meistens sitzen sie in Panel-Shows herum, an denen im japanischen Fernsehen kein Mangel herrscht, und kommentieren Klatschgeschichten oder trendige Süßspeisen.

Mag der Begriff *Tarento* manchmal auch ein bisschen euphemistisch gewählt wirken, so hat Misono als Sängerin durchaus Talent. Sonst würde sie bei *Oni Renchan* nicht sonderlich viel Zeit vor der Kamera verbringen. Zum Zeitpunkt dieser Niederschrift hatte sie es zwar noch nicht geschafft, das Geld einzustreichen, aber meistens kommt sie recht nah ran. Womit sie jedoch verlässlicher die Herzen der Zuschauer*innen gewinnt, ist ihre glaubwürdig fröhliche Natur. Sie ist ein regelrechter kleiner Sonnenschein. Und sie trinkt sehr viel Tee. Nachdem sie bei ihrem ersten Auftritt ständig nach mehr Flüssigkeit fragen musste, stand bei ihrem zweiten gleich ein ganzer Kasten mit PET-Flaschen bereit. Solche kleinen Schrullen auszuschlachten, gehört ebenfalls zum Konzept von *Oni Renchan*.

Für Misono mag *Oni Renchan* eher so etwas wie eine Comeback-Show sein. Für andere ist sie der Eintritt ins Showgeschäft. Kiyama ist einer der hartnäckigsten Kandidaten, die das Preisgeld bisher nicht einstreichen konnten, es aber immer wieder versuchen. Die ihm eigene Mischung aus einer sanften Natur und großer Verbissenheit machen ihn sehr liebenswert. Kiyama ist ein professioneller Sänger, allerdings nicht einer, der vor *Oni Renchan* aus Film und Fernsehen bekannt war. Eher so einer, der für die Familienfeier gemietet werden kann, und der seine CDs selbst produziert und gestaltet. Seine Markenzeichen sind sein schlaksiger Körperbau, die Glatze, die die Segelohren betont, und das rote Hemd, das er bei öffentlichen Auftritten immer trägt. Der Look ist so wiedererkennbar, dass inzwischen andere Kandidaten als Kiyama-Imitatoren auftreten (die Show ermutigt zum Kostümieren). Mit einem hat sich der sympathische Künstler so gut verstanden, dass er mit ihm zusammen eine CD aufgenommen hat. Sie heißt *Kiyama & Kiyama*.

Der echte Kiyama hat es bislang nicht bis zum zehnten Level geschafft (der falsche ebenfalls nicht). Das ist nicht nur wegen des Geldes schade, denn er singt inzwischen für viel mehr als das. Er singt um nichts Geringeres als darum, wieder ein Leben als menschliches Wesen führen zu dürfen. Denn die Jury von *Oni Renchan* hat beschlossen, dass er kein Mensch mehr ist, sondern ein Fisch, nachdem er während einer besonders langen Note einmal körperlich so tief nach unten ging, dass die Kamera nicht mehr hinterherkam. Der Fluch kann erst von ihm genommen werden, wenn er alle zehn Levels meistert. Kiyama, der nun auf den Namen

„Dünner Fisch" hört, spielt bierernst mit und trägt fügsam die Fischhüte, die die Redaktion für ihn aussucht. Laut eigener Aussage sieht und bezeichnet auch seine eigene Familie ihn nur noch als „dünnen Fisch". Man hofft, dass er scherzt, aber er sagt es sehr überzeugend.

Eine andere Kandidatin, die ehemalige TV-Moderatorin Maasa Takahashi, ereilte ein ähnliches Schicksal. Ein Jury-Mitglied kritisierte, dass ihr Gesang zwar technisch einwandfrei sei, aber völlig gefühlskalt. Also absolvierte sie ihren nächsten Auftritt in einem Roboter-Kostüm.

Yoyoyo-chan, bürgerlich Yoshino Kitada, ist eine weitere ehemalige Kleinkünstlerin, deren Kunst durch *Oni Renchan* wesentlich größer geworden ist. Yoyoyo-chan ist Jahrgang 2000, also heißen die Kleinkunstbühnen, auf denen sie sich ihr erstes Publikum erspielte, YouTube und Instagram. Dort imitierte sie mit erschreckender Präzision andere Sängerinnen ganz unterschiedlicher Genres, Tonlagen und Tonfarben. Das prädestiniert für *Oni Renchan*. Hinzu kommt ihr ungewohnliches Naturell, das sich wohltuend von der Zwangsquirligkeit gleichaltriger weiblicher japanischer TV-Talente unterscheidet. Sie lächelt nur selten, pflegt einen subtilen und trockenen Humor, der sie zu einer adäquaten Gegenspielerin der verbal oft ruppigen Männerriege macht, die die Darbietungen kommentiert und sich schon mal Wortgefechte mit den Auftretenden liefert. Wie Kiyama gehört Yoyoyo-chan zu den Kandidat*innen, die nach dem ersten (oder zweiten oder dritten) Auftritt nicht aufgegeben haben. Anders als Kiyama hat sie es inzwischen geschafft, alle zehn Gesangsaufgaben fehlerfrei zu meistern und das Geld einzustreichen. Aber das ist eigentlich kaum wichtig. Singen können die meisten in dieser Sendung; wie weit man kommt, ist oft eher eine Frage von Nerven und Glück. Für die Unterhaltung an den Empfangsgeräten sind Persönlichkeiten wichtiger als Stimmen. Und die charismatische Yoyoyo-chan ist eine Persönlichkeit, die man sich schnell gemerkt hat. Noch bevor sie in der Sendung den Sieg davontragen konnte, mehrte sich ihr Ruhm außerhalb der Sendung. Sie trat auch in anderen, größeren Fernsehshows auf, bekam kleine Filmrollen und stellte als Werbung für einen Musik-Streamingdienst ihre persönliche Playlist auf großformatigen Werbeflächen zur Schau. Es werden bestimmt noch größere Rollen und prominentere Platzierungen im Fernsehen folgen, und vielleicht findet sie irgendwann sogar ihre eigene Gesangsstimme unter den vielen fremden Stimmen, mit denen wir sie schon singen hören durften. Wenn jemand fürs Showgeschäft geboren wurde, so scheint es, ist es Yoyoyo-chan. Und bislang war es eine Freude, ihren steilen Werdegang zu bezeugen.

NEXT-LEVEL KARAOKE

Wer wie Yoyoyo-chan einmal das zehnte Level hinter sich bringt und kokett mit dem Geldnotenstapel vor der Kamera herumfuchteln darf, muss das Ende der Fahnenstange längst nicht erreicht haben. Beziehungsweise es wird einfach eine neue, höhere Fahnenstange aufgestellt. Sollte ein*e Sieger*in sich bemüßigt fühlen, sein oder ihr Glück ein weiteres Mal zu versuchen, oder besser: sein oder ihr Können ein weiteres

Mal unter Beweis zu stellen, kann er oder sie sogar das doppelte Preisgeld gewinnen: 2 Millionen Yen. Sie müssen sich dafür aber auch nahezu doppelt so stark ins Zeug legen, denn sie spielen im „teuflisch schweren Modus". Das erste Level des teuflisch schweren Modus ist so schwer wie das fünfte des üblichen Verfahrens. Dann wird bis zum fünften Level entsprechend weiter gesteigert; das fünfte entspricht also der Schwierigkeit des neunten Levels des normalen Modus. Bei den Levels sechs bis zehn ist jede*r einzelne auf dem Niveau des üblicherweise zehnten und schwierigsten Levels. Bislang hat das niemand erfolgreich hinter sich gebracht (Yoyoyo-chan scheiterte kurz vor Abgabetermin des vorliegenden Buchs am allerletzten Level; es war erhebend, bis es niederschmetternd war).

Obwohl es der Show an talentlosen Peinlich-Kandidat*innen mangelt, sind einige am Tag nach der Ausstrahlung eher aufgrund ihrer Exzentrik als wegen ihrer Goldkehle in aller Munde. Da ist zum Beispiel Kenta Hoi, der eine wiederholt vorkommende Textzeile eines beliebten Songs jedes Mal konsequent falsch sang. Es mag sein, dass das beim originalen Auftritt noch ein ehrliches Versehen war, doch Hoi, ein etwas abgehalfterter Allround-Entertainer, machte es zur Masche. Er trat mit dem falsch gesungenen Song in Einkaufszentren auf, druckte T-Shirts und andere Artikel mit seinem Antlitz und der verhauenen Textzeile. Ein Höhepunkt war ein Auftritt in einer galaartigen Sonderausgabe von *Oni Renchan* vor Live-Publikum, als er das Lied zusammen mit dem Original-Interpreten schmetterte – beide falsch. In jener Sendung durfte auch Maasa Takahashi sich endlich ihrer Roboter-Garderobe entledigen. Per Live-Schaltung befreite ihr Vater, selbst ein berühmter Schauspieler, sie von ihrem Schicksal. Sie warf ihre Kunststoffschale ab und tanzte enthemmt, während sie beim Gesang ebenfalls mehr auf Gefühl als auf Technik setzte (die strengen Regeln der regulären Show galten in dieser Ausgabe nicht). Kiyama aber blieb ein Fisch. In Anlehnung an seinen legendären Auftritt in der regulären Sendung wurde er bei einem Duett so tief von der Bühnentechnik heruntergefahren, dass bisweilen nur seine Glatze zu sehen war.

DIE ECKE IST DIE BÜHNE

Für japanische Fernsehverhältnisse ist das reguläre Studio von *Oni Renchan* recht zurückhaltend gestaltet. Japanisches Fernsehen von der Spielshow bis zur Nachrichtensendung sieht meistens so aus, als hätten die Verantwortlichen gerade eben erst das Farbfernsehen entdeckt und seien noch ganz trunken von all den Möglichkeiten. Das Design von *Oni Renchan* ist zwar auch nicht gerade monochrom, nimmt sich jedoch verhältnismäßig minimalistisch aus. (Von japanischen Fernsehkulissen ist ansonsten kein Zen-haftes „Weniger-ist-Mehr" zu erwarten, eher ein verbissenes „Mehr-ist-noch-nicht-Genug". Jede Lavalampe, jedes Plastikblumengesteck, jede Clownsmaske, jede Ritterrüstung aus dem Fundus muss irgendwie ins Bild gepresst werden.) Die Bühne der Karaoke-Show, falls da überhaupt von einer Bühne gesprochen werden kann, gleicht eher einer Studioecke mit zwei traditionell bemalten Raumteilern im Hintergrund. Die Anmutung ist fast ein bisschen klaustrophobisch. Jede Box in öffentlichen Karaoke-Centern ist einladender. Ein Saalpublikum gibt es nicht, obwohl die Teilnehmenden ein paar ausgewählte Claqueure mitbringen dürfen. Die Jury sitzt in einem anderen Studio oder in einem anderen Teil des Studios. Das ist angesichts der Split-Screen-Ansicht, die in *Oni Renchan* dominiert, schwierig zu beurteilen. Dieses Studio oder dieser Studiobereich zollt der zwanghaften visuellen Überladenheit japanischer TV-Produktionen etwas mehr Tribut, gehört allerdings bei Weitem nicht zu den grellsten Sündern.

In einer ästhetischen Hinsicht ist die Show auf jeden Fall typisch japanisch: Es gibt einen Overkill an schriftlichen Informationen. Nicht nur die Liedtexte und Tonhöhen werden in typischer Karaoke-Manier eingeblendet, sondern auch jedes gesagte Wort wird wiedergegeben: in unterschiedlichen Schriftarten, Schriftfarben und Einblendungsformen, dazu noch allerlei Zusatzinformationen zu den Auftretenden sowie den Originalinterpret*innen, Produzent*innen, Komponist*innen und Texter*innen der Songs. Japanisches Fernsehen war schon immer eine bunte Verquickung von Bewegtbild und Bildschirmtext. Diese Tradition wird bei *Oni Renchan* ebenfalls fortgesetzt. Bei der bereits erwähnten Wiederholungskandidatin Misono wird etwa schriftlich mitgezählt, wie viele Flaschen Tee sie zwischen den Gesangsnummern trinkt. Auch mit billigen visuellen Effekten wird nicht gespart. Wenn Kiyama, der dünne Fisch, unter den Kamerarand taucht, kommt ein Zeichentrick-Boot mit einem Angler angefahren, der ihn wieder hochzieht. Jury-Mitglieder, die bestimmten Teilnehmer*innen nicht wohlgesonnen sind, kommen bei ihren Auftritten als Geister angeflogen.

SCHIEDSRICHTER OHNE ENTSCHEIDUNGSGEWALT

War hier bisher von einer Jury die Rede, so ist der Begriff nicht ganz zutreffend. Zu beurteilen und zu richten hat diese Jury gar nichts, das übernimmt schließlich der Computer. Eigentlich handelt es sich bei den vier Männern, die in legerem Plauderton ihre Meinungen zu den Darbietungen kundtun, um zwei Zweierteams, denen jeweils eine Hälfte der Kandidat*innen zugewiesen ist. Jede*r Kandidat*in macht für sein oder ihr Team Punkte basierend auf der Anzahl der bewältigten Level. Zum Schluss spielen die vier Herren noch gegeneinander eine Art Speed-Version von *Erkennen Sie die Melodie?*, um weitere Punkte zu machen. Dabei taucht unerklärlicherweise ein fünfter Herr auf, sodass aus einem der Zweier-Teams ein Dreier-Team wird. Welches Team am Ende die meisten Punkte hat, ist ungefähr so egal wie einst die Punktevergabe bei *Tutti Frutti*. Bei den Teammitgliedern handelt es sich um bekannte Komiker, die in erster Linie dazu da sind, launig das Geschehen zu kommentieren und sich gegenseitig in die Pfanne zu hauen. Bisweilen tun sie das auch mit den Kandidat*innen. Dennoch wird der Ton hier nie so verletzend wie in gewissen westlichen Amateur-Musik-Shows. Da die Jury-Mitglieder auf den Gewinn ihrer Protegés hoffen und denen des anderen Teams naturgemäß kritisch gegenüberstehen, muss in Kauf genommen werden, dass schon mal einer mosert. Je nach Naturell mosern die Angemoserten dann auch zurück. Wenige von ihnen sind auf den Mund gefallen, haben doch die meisten einen Entertainment-Background und sind mit entsprechend dickem Fell und harten Bandagen ausgestattet.

In *Oni Renchan* zeigt sich, dass Karaoke alle gleich macht. Die übliche Annahme, dass es dabei darum ginge, für ein paar Minuten ein Star zu sein, mag nicht gänzlich falsch sein, ist aber zu kurz gedacht. Sicherlich, die Unbekannten und Halbbekannten bekommen ihre Chance, auf sich aufmerksam zu machen. Aber Karaoke gibt außerdem etablierten Stars die Chance, sich wieder mal wie jemand aus dem gemeinen Volk zu fühlen und zu gerieren. Prominente Sänger*innen wissen Karaoke zu schätzen, ist immer wieder zu hören und zu lesen. Nicht nur zum Üben, sondern um ausnahmsweise aus reinem Spaß zu singen und sich dabei sogar mal vom Fußvolk an die Wand singen zu lassen. Was auf der Karaoke-Party passiert, bleibt auf der Karaoke-Party.

Was in *Oni Renchan* passiert, bleibt zwar nicht in *Oni Renchan*, doch die Gleichmachung von bekannten und unbekannten Teilnehmer*innen funktioniert auch hier: Das Publikum wählt seine Lieblinge weniger nach Leistung und kaum nach Prominenz, sondern nach Sympathie. Und da haben Stars beziehungsweise ehemalige Stars endlich die Chance, von ihren Podesten herunterzusteigen und ihre menschliche Seite zu zeigen. Karaoke ist unglamourös, und zum Schluss einer Sendung bleibt uns eher in Erinnerung, wer sich sympathisch gefreut und aufrichtig gelitten hat, als wer den glanzvollsten Auftritt hingelegt oder krampfhaft versucht hat, lustiger als die Herren von der Jury zu sein. *Oni Renchan* ist aber nicht die einzige moderne Karaoke-Show, die durch den Äther streamt, weder in Japan noch im Rest der Welt.

NICHT DEN TEXT VERGESSEN!

Don't Forget the Lyrics! (Nicht den Text vergessen!) ist der Name einer ursprünglichen amerikanischen Karaoke-Show, die in ihrer Heimat zunächst nicht lange auf Sendung war (obwohl sie dort unlängst reanimiert wurde), aber international zu einem langlebigen Phänomen wurde. In Frankreich soll sie Karaoke erst populär gemacht haben. Wie unschwer vom Namen herzuleiten ist, geht es bei *Don't Forget the Lyrics!* weniger um tongenaues Singen als um Textsicherheit (diese wird bei *Oni Renchan* überhaupt nicht bewertet). Die Texte der zu singenden Lieder werden nur teilweise eingeblendet, die Lücken müssen korrekt gefüllt werden. Der Ablauf hat gewisse Ähnlichkeiten mit einer weltweit beliebten Quizshow, in der gemeinhin nicht gesungen wird. Die Kandidat*innen können ihre Textversionen noch einmal überarbeiten, bevor sie ihre finalen Antworten einloggen, und dabei verschiedene Joker benutzen. Mit jedem korrekt getexteten Song klettern sie auf der monetären Gewinnleiter nach oben, begeben sich dabei allerdings auch in zusehends größere Gefahr, bei Vertun tief zu fallen. Man könnte diese Verschmelzung von Spielkonzepten als *Wer wird Karaoke-Millionär?* bezeichnen. Nur ohne den Millionen-Gewinn.

Die extrem populäre französische Variante *N'oubliez pas les paroles!* machte während des Lockdowns 2020 internationale Schlagzeilen, als sie mit einem Publikumsersatz aus Ballonmenschen wieder auf Sendung ging. Nicht dass das an sich eine Weltsensation war, aber die internationale Presse lechzte in jenen dunklen Tagen nach Themen, die von einer gewissen Leichtigkeit waren, ohne unsensibel die Ernsthaftigkeit der Lage zu leugnen. Journalist*innen versuchten sich bei der Beschreibung des alptraumhaften Anblicks der starr grinsenden Gummileute wortspielerisch gegenseitig zu übertrumpfen. Zusammenfassend kann man sagen, dass die Presse dieses Publikum ganz schön aufgeblasen fand. Aber bei solchen Wortspielen war natürlich schnell die Luft raus.

Einige mochten dem surrealen Szenario auch positive Aspekte abgewinnen: Vielleicht halfen diese nicht zuschauenden und nicht zuhörenden Zuschauer*innen und Zuhörer*innen schüchternen Kandidat*innen, ihre Hemmungen abzulegen. Falls der Anblick sie nicht zu sehr traumatisierte.

STARS ARE BORN

Wenn im philippinischen Fernsehen Karaoke betrieben wird, ist das Ziel klar: Hier sollen sich die Stars von morgen beweisen. Dafür stehen Show-Titel wie *Search for a Star in a Million*, *Star Circle Quest*, *Star Struck*, *Little Big Star* oder *Little*

Big Superstar. Das hat allerdings mit den klassischen Karaoke-Prinzipien von Spiel und Spaß weniger zu tun als mit dem ehrgeizigen Karrierekampf westlicher Casting-Shows.

Da geht es in Europa etwas entspannter zu. Ein besonders fruchtbarer Boden für Karaoke-TV-Shows ist Großbritannien. So fruchtbar, dass die Band *Black Box Recorder* 2003 in ihrem Lied „When Britain Refused to Sing" ein plötzlich gesangsloses Großbritannien als eine gnädige, wenn auch etwas gespenstische Utopie beschrieb. *Stars in Their Eyes* hieß eines der populärsten Formate, das ab 1990 in Variationen und mit Unterbrechungen 25 Jahre lang den britischen Äther beherrschte. Hierbei imitierten die Teilnehmer*innen ganzheitlich ihre Lieblingsstars. Neben der Gesangsleistung mussten also auch Garderobe, Make-up und Tanzschritte stimmen. Damit niemand auf die Idee kam, diese Stars für echte Stars zu halten, wurde in kurzen Videoeinspielungen bewiesen, dass es sich um ganz normale Menschen handelte, die ganz normale Menschensachen taten (Bowling, Hausaufgaben, mit dem Hund Gassigehen). Sie mochten zwar in ihren eigenen Augen für kurze Zeit Stars sein, wie es der Titel der Show andeutete, aber fürs Publikum lag der Unterhaltungswert eher darin, dass sie normale Menschen waren, die sich etwas Großes vorgenommen hatten. Und genau das ist letztendlich der Reiz von Karaoke: nicht, dass wir drei Minuten Stars sind. Sondern, dass wir drei Minuten etwas tun, was sonst nur Stars tun, und dass wir dabei trotzdem noch wir selbst bleiben.

Track 14

Gesang und Spiele und der Rest des Lebens

Im Zeitalter von Digitalität und Mobilität ist Karaoke längst nicht mehr an die Karaoke-Maschine in Bar oder Box gebunden. Heute passt eine Karaoke-App auf jedes Handy. Manche Karaoke-Anlagen bestehen aus nicht mehr als einem Mikrofon, das Lautsprecher, Musikspeicher und Projektor von Untertiteln auf nahe gelegene Bildschirme zugleich ist. Es liegt nahe zu sagen, dass Karaoke seine Beliebtheit ohne diese Transformationen nicht aufrechterhalten hätte. Dennoch hatte Karaoke keinen geradlinigen Weg zu Videospiel und digitaler Mobilität.

VOR KARAOKE WAR DDR

Dass Karaoke nicht von Anfang an mit dabei war, als sich Videospiele vom Nerd-Stigma befreiten und zum Massenphänomen wurden, liegt vor allem an der Technik. Computer lernten zwar schnell, Musik in exzellenter Qualität abzuspielen, aber Gesang in Echtzeit zu verarbeiten und zu bewerten, war etwas anderes. Jahrelang wurde auf Elektronikmessen die maschinelle Spracherkennung angepriesen wie einst Schlangenöl im Wilden Westen. Wer es dann selbst ausprobierte, hatte zwar viel Spaß, aber kaum Vertrauen in diese neue Wundertechnologie. Doch die hat in diesem Jahrtausend wider Erwarten einen Quantensprung gemacht. Inzwischen können wir uns mit unserem Smartphone sogar dann ganz vernünftig unterhalten, wenn gerade kein Mensch am anderen Ende spricht.

Aber schon bevor die Technik so weit war, dass wir gegen Maschinen singen konnten, gab es Spiele, die Musik nicht nur als Hintergrund-Atmo kannten, sondern sie zum wichtigsten Teil ihres Konzeptes machten und den Nährboden für die nächste Inkarnation von Karaoke bereiteten.

Ist in Japan von DDR die Rede, werden manche ganz nostalgisch. Nicht aus Ostalgie, die von Japan aus Westalgie wäre, sondern weil diese drei Buchstaben dort nur für eines stehen: *Dance Dance Revolution*. Der erste Teil der beliebten Videospielereihe erschien 1998. Das Spielprinzip könnte als Bewegungs-Karaoke bezeichnet werden. Mit anderen Worten, es ging ums Tanzen und wurde somit mit den Füßen gespielt. Zur Musik aus dem Spielautomaten mussten die richtigen Schritte auf einer streng begrenzten, mit Symbolen versehenen Tanzfläche ausgeführt werden. Ein Bildschirm zeigte die korrekte Symbolfolge an, die Maschine beurteilte abschließend die Reaktionsgeschwindigkeit und Präzision der Tanzenden.

Ähnlich wie Karaoke begann das Spiel seine Karriere im Nachtleben, nämlich in den vielen Videospielhallen Japans, wo es geradezu eine DDR-Manie auslöste. Ähnlich wie Karaoke stand es bei seinem Weg in die Wohnzimmer vor gewissen technischen Problemen. Allerdings hatten die Hersteller von Unterhaltungselektronik seit der Erfindung von Karaoke ein oder zwei Dinge dazugelernt, weshalb sich diese Probleme schnell und zufriedenstellend lösen ließen. DDR konnte zwar kostengünstig mit einem Controller-Aufsatz an gängigen Spielekonsolen gespielt werden, doch änderte der Aufsatz wenig daran, dass Gamer*innen eher im Takt Knöpfchen drückten als die Füßchen und den Popo bewegten. Abhilfe war aber schon bald mit einer anschließbaren Fußmatte für die Tanzschritte geschaffen, die zum Heim-Standard von DDR und seinen Fortsetzungen wurde.

Dance Dance Revolution bereitete den Weg für die Verquickung von Karaoke und Videospiel. Es war eines der ersten Videospiele, das die körperliche Ertüchtigung förderte, doch es war nicht das erste musikbasierte Videospiel. In den späten 1990ern setzten eine ganze Reihe ähnlicher Veröffentlichungen Japan und Teile der restlichen Welt vor den Bildschirmen in Bewegung. Kurz vor dem Erscheinen von DDR hatte eine DJ-Simulation namens *Beatmania* das Genre der Musik-Games ins Leben gerufen. Daher war diese Kategorie lange Zeit als Bemani-Spiele bekannt, eine typisch japanische Abkürzung von *Beatmania*. *Dance Dance Revolution* könnte als konsequente Fortführung von *Beatmania* bezeichnet werden: Musste der*die Zocker*in im etwas älteren Spiel als DJ die Massen begeistern, stand (oder besser: tanzte) er*sie nun auf der anderen Seite des Mischpults und ließ sich begeistern (nebenbei unterhielt er*sie die Schaulustigen in der Spielhalle mit Dance-Moves).

Nach *Dance Dance Revolution* sollte es noch fünf Jahre dauern, bis sich neben dem Tanzen auch das Singen an der Spielkonsole durchsetzen konnte. Was nicht bedeutet, dass der 2003 erschienene PlayStation-2-Hit mit dem passenden Titel *Karaoke Revolution* der erste Versuch war, das Prinzip zu gamifizieren. Nehmen wir es ganz genau, erschien das erste Karaoke-Videospiel sogar lange vor DDR und seinen Epigonen. Tatsächlich war Nintendo mit *Karaoke Studio* für die Erfolgskonsole Famicom – „Family Computer", bekannt als Nintendo Entertainment System oder NES in Europa und anderswo – 1987 extrem früh dran. Doch Nintendo schwankte schon immer stark zwischen Riesenerfolgen und haarsträubenden Flops. *Karaoke Studio* gehörte eher zu letzteren (was nicht bedeutet, dass Nintendo-Komplettist*innen und -Fetischist*innen dafür heute nicht horrende Sammlerpreise zahlen würden). Die technischen Limitierungen ihrer Zeit konnten die Entwickler*innen nicht überwinden. So hatten auf den Spielkartuschen nur wenige Tracks in frühdigitalen 8-Bit-Behelfsversionen Platz, was das Spiel nicht gerade zu einem musikalischen Hochgenuss machte. Noch dazu waren alle Songs auf das japanische Publikum zugeschnitten, sodass eine internationale Auswertung ohne aufwendige Lokalisierungsarbeiten kaum realistisch war. Angesichts der damals geringen globalen Präsenz von Karaoke und des mangelnden Erfolgs der japanischen Ausgabe hat sich das nicht gelohnt.

Karaoke Studio wurde mit einem Mikrofon ausgeliefert, das den Gesang an die Konsole weitergab. Auf dem Bildschirm wurden die üblichen Untertitel sowie 8-Bit-Animationen wiedergegeben, die sich auf die Inhalte der Texte bezogen. Diesen Bezug hatten die grobpixeligen Videos dem visuellen Begleitmaterial in herkömmlichen Karaoke-Maschinen voraus (dessen mangelnder Zusammenhang mit den Liedtexten ein nicht zu unterschätzender Faktor für den unglücklichen Trash-Ruf ist, den Karaoke bei vielen hat). Bewertet wurde man nach der Präzision der Gesangsleistung, wobei nicht überliefert ist, wie diese Messung vonstattenging. Dass die Famicom-Konsole fähig war, die Worte der Spielenden zu verstehen, ist unwahrscheinlich.

Karaoke Revolution konnte 2003 den Gesang der Spieler*innen ebenfalls nicht verstehen, aber das machte nichts. Es beurteilte immerhin einigermaßen akkurat die Tonhöhe des Gesungenen und vergab für die korrekte Einhaltung Höchstpunkte – selbst wenn Unsinn gesungen wurde, was den Spaß am Spiel sicherlich nicht schmälerte. *Karaoke Revolution* war bereits ganz im Sinne des inzwischen global bekannten Karaoke-Phänomens eine internationale Ko-Produktion: Ein britisches und ein amerikanisches Studio übernahmen die Entwicklung, vertrieben wurde es vom japanischen Bemani-Spezialisten Konami. Das Spiel für die PlayStation 2 und andere Konsolen seiner Zeit war ein internationaler Verkaufserfolg und überzeugte die Gaming-Presse. Es zog zwei Fortsetzungen, zwei Spin-offs, ein Reboot für modernere Konsolen und etliche Erweiterungs-Discs mit neuen Songs für die japanische Version nach sich. Ein Spin-off kombinierte Karaoke-Gesang mit Tanzschritten im DDR-Stil, das andere simulierte die Fernsehsendung *American Idol*. Das Disc-Format der PlayStation 2 und anderer Konsolen war maßgeblich für das Gelingen des Unterfangens verantwortlich, denn es erlaubte eine verhältnismäßig hohe Anzahl von Songs in guter Qualität.

Bezeichnenderweise unterscheiden sich die japanischen und westlichen Versionen des Spiels ganz erheblich, und das nicht nur beim enthaltenen Musikmaterial. Während bei der westlichen Fassung der spielerische Aspekt im Vordergrund stand und der Gesang nach genannten Gesichtspunkten beurteilt wurde, handelte es sich bei der japanischen Ausführung lediglich um ein wertungsfreies und wettbewerbsloses Karaoke-System für Spielekonsolen. Da kam er wieder durch, der alte japanische Purismus, Karaoke als reinen Spaß und nicht als Wettkampf zu verstehen.

Inzwischen wird nicht nur in ausgesprochenen Karaoke-Spielen gesungen. Auch in Titeln gänzlich anderer Genres wie den Action-Adventures der *Yakuza*-Reihe oder dem thematisch ähnlichen, in Hongkong angesiedelten *Sleeping Dogs* ist es möglich, die Spielfigur in eine Karaoke-Bar flanieren zu lassen und ein paar Nummern zum Besten zu geben. Hier übernimmt Karaoke die Funktion, die es im wirklichen Leben ebenfalls hat: Es bietet eine kurze Verschnaufpause von den Sorgen des Alltags, zu denen in diesen Spielen allerlei Schlägereien, Schießereien, Autoverfolgungsjagden und herzzerreißende melodramatische Wendungen gehören. Von den Spielenden wird allerdings nicht erwartet, dass sie tatsächlich singen, sie müssen lediglich die richtigen Knöpfe zur richtigen Zeit drücken. Die Spielfigur singt dann entsprechend schön oder schräg. Leichter als selbst zu singen ist das jedoch nicht.

Karaoke Revolution bereitete den Weg für etliche Karaoke-Spiele und -Programme für PCs und Mobiltelefone. Besonders erfolgreich waren Spiele wie die *SingStar*-Reihe, die vor allem in Europa abräumte (unter anderem mit Titeln wie *Fußballhits*, *Mallorca Party*, *Après-Ski Party 2*, *Back to the 80s* und Sonderausgaben zu den Bands Queen und Abba). Bei aller Popularität ersetzten diese neueren, möglicherweise zeitgemäßeren nicht die etablierten Formen von Karaoke, sondern sind eher als ein wichtiger Nebenzweig zu betrachten. Ohne Videospiele, Computer-Programme und Handy-Apps wäre das Prinzip jüngeren Generationen heute möglicherweise weniger geläufig. Das Hauptprogramm allerdings spielt sich weiterhin in Bars und Karaoke-Centern ab. Technische Umsetzungen mögen sich ändern, doch hat in der Geschichte von Karaoke selten ein Prinzip das andere komplett ersetzt. Die Bars des Nachtlebens und die familienfreundlichen Center koexistieren heute recht friedlich, genauso wie Videospiele nicht die Karaoke-Heimanlage ersetzt haben. Karaoke wächst nicht stur in eine Richtung. Es breitet sich aus.

GETROMMELT WIE GESUNGEN

Die Technologie hinter Computer- und Videospielen musste erst ein paar Jahrzehnte reifen, bis Gamer*innen nicht mehr über mechanische Controller, sondern mit der eigenen, menschlichen Stimme spielen konnten. Doch als sie sich endlich für Karaoke eignete, taten sich andere musikalische

Spielkonzepte auf, die einerseits mit dem Vorbild verwandt sind, sich aber wiederum in der wirklichen Welt nur schwer umsetzen ließen. Wir könnten von Instrumental-Karaoke sprechen. Eines der prominentesten Beispiele der jüngeren Vergangenheit ist *Taiko no Tatsujin: Rhythm Festival*, erhältlich unter anderem für Nintendo Switch. Es ist lediglich eines von etlichen Spielen ähnlichen Prinzips. Die Spieler*innen übernehmen nicht den Gesangspart, sondern müssen den Takt der enthaltenen Musikstücke mittrommeln. Entweder am Controller (zwei Knöpfen ist ein unterschiedlicher Schlag zugeordnet) oder auf einer separat erhältlichen Trommel, die die Schläge an die Spielekonsole weitergibt. Ob auf ihr Fell oder den Rand geschlagen werden muss, geben fortlaufende Symbole auf dem Fernsehbildschirm vor, wie bei den Untertiteln von Karaoke.

Die Trommelspiele eröffnen ihrem Genre Musikrichtungen, bei denen weniger oder gar nicht gesungen wird, zum Beispiel Jazz oder Klassik. Der Anteil ersterer im Pool der verfügbaren Trommelmelodien hält sich jedoch in Grenzen. Das mag daran liegen, dass diesen Spielen ein entscheidender Aspekt von sowohl Jazz als auch echtem Karaoke abgeht: Improvisation ist nicht zugelassen. Bei Karaoke dürfen wir, zumindest in der Ursprungsform, so schön oder schräg singen, wie uns der Schnabel gewachsen ist. Wir müssen allerdings streng nach Bildschirmsymbolen einen Takt nachtrommeln, dann ist jede Abweichung ein Fehler und wird geahndet. Wir verlieren unsere Kombo oder machen weniger Punkte als der*die andere. Damit ist das Spiel mit der relativ modernen

Karaoke-Variante vergleichbar, die sich eher als Leistungs- oder Wettkampfsport denn als reines Vergnügen versteht.

Auch wenn Jazz weiterhin ein Schattendasein in der Gamification von Musik führt, ist die Klassik, die wir bei Karaoke selten finden, komfortabel in den Trommelspielen angekommen. Das hat vor allem zwei Gründe: Der Takt ist streng, und die Kompositionen unterliegen keinen Urheberrechten, die kompliziert verhandelt und teuer bezahlt werden müssten. Bei *Taiko no Tatsujin: Rhythm Festival* gehören sogar in der stark reduzierten Gratis-Demoversion bereits Beethovens Neunte und die Wilhelm-Tell-Ouvertüre zum Inventar.

Musik ist nun mal nicht grenzenlos: Tatsächlich sind es immer wieder territoriale Rangeleien um Rechte, die die internationale Verbreitung von Karaoke-Spielen und Karaokeverwandten Spielen erschweren. Dabei behelfen sich die verantwortlichen Spielehersteller diverser Tricks. Einer, mit dem Nintendo arbeitet, ist sogar recht löblich: Die Firma gibt ihre eigenen Songs in Auftrag. In einer Zeit, in der Videospiele längst Mainstream-Phänomene mit entsprechender medialer Aufmerksamkeit geworden sind, ist das nicht das undankbarste Sprungbrett für Nachwuchsmusiker*innen. Auch wenn es für die Spieler*innen zunächst unbefriedigend sein mag, nicht die neuesten Hits von Taylor Swift oder Ed Sheeran zu singen oder zu trommeln, so wird ihnen mit der Zeit der beschwingte Nintendo-Ohrwurm „Donderful Everyday" genauso zum Soundtrack des Lebens werden. Die ständige Wiederholung, der sie ausgesetzt sind, um noch mehr Punkte zu machen und noch längere Kombos auf noch höheren Schwierigkeitsgraden zu schaffen, wird schon dafür sorgen, dass sie den Song nie, nie, nie wieder aus dem Kopf bekommen.

Ein weiterer Geldspar-Trick, der bei *Taiko no Tatsujin: Rhythm Festival* und anderen Musikspielen zur Anwendung kommt, besteht darin, zwar die Rechte an den Kompositionen und Texten populärer Musikstücke zu kaufen, aber nicht die an den Aufnahmen, die diese populär gemacht haben. Stattdessen werden von günstigeren Künstler*innen günstigere Versionen eingespielt. Bisweilen sind die kaum von den Originalen zu unterscheiden. Meistens aber schon. Und in manchen Fällen muss man sich mit den Trommelstöcken am Kopf kratzen, bevor man auf die Felle haut. Was beispielsweise der Grund für die Entscheidung war, die ursprünglich von der Musical-Sängerin Indina Menzel eingesungene Disney-Ballade „Into the Unknown" als Hair-Metal-Stück mit männlichem Kreisch-Gesang zu arrangieren, bleibt wohl ein süßes Firmengeheimnis. (Vielleicht eignet sich das besser zum Mittrommeln.)

Und dann gibt es natürlich noch den allereinfachsten Trick: die Spielenden einfach selbst für die Musik bezahlen zu lassen. Obendrauf. Wer die ganz großen, ganz aktuellen Hits mittrommeln oder mitsingen möchte, womöglich sogar in den Originalversionen, schließt zusätzlich zum Erwerb des Basisspiels ein monatlich zahlbares Musik-Abo ab. Da Videospiele mittlerweile in erster Linie als Downloads direkt über die permanenten Onlineverbindungen der Konsolen vertrieben werden, war die Verschmelzung mit der Musik-Streaming-Welt eine logische Konsequenz. Genauso wie es unvermeidlich war, dass Karaoke seinen Wirkungsbereich immer stärker erweiterte und bald aus keiner Lebensphase mehr wegzudenken war.

EIN LEBEN LANG

Erst waren es ältere Herrschaften, dann kamen die Damen und Jugendlichen, heute singen bereits die Kleinen. Und die Allerältesten ebenso. Um Menschen schon früh mit dem Karaoke-Virus zu infizieren, gibt es etliche Hardware- und Software-Produkte, die auf ein sehr junges Publikum zugeschnitten sind, oft mit Lern-Versprechen, um die Eltern zu beruhigen. Leicht tragbare und bedienbare Anlagen in bunten Farben locken Kinder ab drei Jahren, gerne auch mit Einhorn-Motiven auf den Lautsprechern. Dazu gibt es die passenden CDs für junge Sänger*innen. Sie bieten meist wilde, nur teilweise elternfreundliche Mischungen aus Abba, Crazy Frog und Baby Shark.

Ganz andere Musik tönt durch die Gemeinschaftsräume internationaler Pflegeheime. Und dennoch: Auch hier hat Karaoke längst Einzug gehalten. Manche Einrichtungen bieten mehrmals pro Woche entsprechende Veranstaltungen an. Die Effekte auf ältere Menschen scheinen durchweg positiv: Alte Lieder wecken alte Erinnerungen, die Musik macht Lust auf Bewegung. Bisweilen sind es heutzutage sogar die Bewohner*innen selbst, die ihr Karaoke-Hobby aus ihren früheren Leben mit in die Einrichtungen bringen und bei ihren neuen Mitbewohner*innen Überzeugungsarbeit leisten.

Etwas modifiziert werden muss das Karaoke-Erlebnis für Senior*innen schon. Nicht nur, weil „Baby Shark" gemeinhin nicht zu ihren Lieblingsliedern gehört (erwartungsgemäß erwiesen sich im deutschsprachigen Raum bisher Volkslieder und klassische Schlager als am populärsten). Außerdem müssen die Untertitel etwas größer gestaltet werden. Möglicherweise sind sogar weniger technische Mittel wie Tafel und Kreide vonnöten. Auch sollte niemand zum Singen gedrängt werden. Wer lieber Brummen oder Summen möchte, ist ebenfalls willkommen. Genauso wie die, die nur ein bisschen zur Musik schunkeln, wackeln oder tanzen wollen. Aber das versteht sich bei Karaoke sowieso, denn Toleranz und der Verzicht auf Werturteile sind seine obersten Prinzipien.

Die frühe Gewöhnung an Karaoke zieht mit Sicherheit Generationen heran, die ihre Liebe zu diesem Zeitvertreib ganz natürlich und unschuldig entwickeln. Auch als Jugendliche und Erwachsene werden sie die zwangsironische Distanz nicht brauchen, ohne die sich bis heute viele nicht trauen, zum Mikrofon zu greifen. Vor allem handelt es sich wohl um Generationen, die man später im Pflegeheim nicht erst behutsam mit dem Konzept vertraut machen muss. Vielleicht singen sie dann im Herbst und Winter ihres Lebens wieder die Hits ihrer Kindheit. Vielleicht wird „Baby Shark" das neue „Am Brunnen vor dem Tore". Das ist schwer vorauszusagen. Aber eines steht fest: Karaoke durchdringt heute jede Lebensphase. Widerstand ist zwecklos.

Bonus-Track

Hast du etwas Zeit für mich?

Um der Wichtigkeit des Themas gerecht zu werden, habe ich bei diesem Buch versucht, mich selbst weitestgehend herauszuhalten. Nicht unbedingt mit meiner Meinung hinterm Berg zu halten (das wäre ja nicht der Sinn eines Buches), aber doch auf Auftritte als Ich-Erzähler zu verzichten. Das hat auch damit zu tun, dass ich nicht der Versuchung anheimfallen wollte, der schon so viele Schreibende erlegen waren: Leser*innen mit einem endlosen Schwall belangloser, feucht-fröhlicher Mitsing-Anekdoten aus dem Nachtleben zu behelligen, die für Außenstehende nie so interessant sind, wie Beteiligte sie sich schönreden.

Aber nun kann ich nicht länger schweigen. Denn so nervtötend der schriftliche Mitteilungsdrang zu den eigenen Karaoke-Erlebnissen sein kann, so verständlich ist er. Insbesondere das erste Mal vergisst man nicht. Und die Chancen stehen gut, dass das erste Mal ganz anders war, als wir es uns in tausend und einer Nacht bang vorgestellt hatten. Selbstverständlich wollen wir das der Welt mitteilen, es womöglich sogar in sie hinaussingen.

Ich habe immerhin eine gute Ausrede (meine ich), warum ich nun kurz vor Schluss, wo ich es schon fast geschafft habe, doch noch einknicke und von mir selbst anfange. Ich möchte vermitteln, was mich mit diesem Thema verbindet. Was mich dazu bewogen hat, dieses Buch zu schreiben.

Ich bin keineswegs als Karaoke-Liebhaber auf die Welt gekommen. 1999, kurz vor meinen 30ern, betrat ich zum ersten Mal japanischen Boden, aber erst 2011 setzte ich zum ersten Mal, widerwillig, einen Fuß in ein Karaoke-Center. Ich hatte eine geistige Liste mit typisch japanischen Freizeitaktivitäten, auf der ich das meiste bereits abgehakt hatte. Zwei Dinge allerdings schob ich vor mir her: Karaoke und Pachinko-Spielautomaten. Ich war und bin kein sturer Komplettist, deshalb hätte es mir nichts ausgemacht, diese Auslassungen eines hoffentlich fernen Tages mit ins Grab zu nehmen. Die Pachinko-Salons waren mir eindeutig zu laut und Karaoke … irgendwie auch. Für einen klassischen und überzeugten „stillen Vertreter" wie mich war rein gar nichts daran reizvoll. Wenn meine deutsche Indie-Schmuddel-Stammkneipe einen ihrer (natürlich „ironischen") Karaoke-Abende veranstaltete, blieb ich halt mal einen Abend zu Hause. Nicht mal ironisch wollte ich vor Fremden singen. Oder vor Halbfremden. Oder vor Freunden. Ich wollte eigentlich gar nicht singen, nicht mal allein unter der Dusche oder eingekuschelt in die Masse, wenn ein Rockidol von der Bühne rief: „Ich kann euch nicht hören!" (Kein Wunder, antwortete ich im Geiste, da gibt's ja auch nichts zu hören.)

Im schicksalhaften Jahr 2011 hatte ich meinen Lebensmittelpunkt noch nicht komplett nach Japan verlagert (das kam fünf Jahre später), aber ich verbrachte eine längere berufliche Auszeit in Tokio, vulgo ein Sabbatical. Trotz meiner eigenbrötlerischen Art wurde mir dabei doch ein wenig einsam, deshalb schloss ich mich einem englischsprachigen Debattierclub an. Man traf sich recht häufig zum Kaffee, um in wechselnden Zweiergruppen Englisch zu sprechen. Es waren rundum nette, demografisch gut gemischte Leute. Die Jüngsten waren gerade mit der Schule fertig und fragten sich, was jetzt werden sollte. Die Ältesten waren gerade mit dem Arbeitsleben fertig und fragten sich dasselbe. Weil wir uns alle so gut verstanden, sprachlich wie menschlich, stand irgendwann der Vorschlag im Raum, wir könnten uns ja auch mal alle formlos zum Abendessen treffen anstatt immer nur zu Zweiergesprächen mit Kaffee. Der Vorschlag kam allgemein gut an, sogar bei mir. Jemand rief: „Au ja! Und danach Karaoke!" Alle lachten, inklusive mir. Ich, weil ich es für einen Scherz hielt. Die anderen, weil sie sich so aufs Singen freuten.

Selbst als ich merkte, dass die das ernst meinten, machte ich mir noch keine allzu großen Sorgen. Ich würde mich schon rechtzeitig aus der Affäre ziehen können. Nach dem Essen andere Verpflichtungen vortäuschen oder einfach auf dem Weg verloren gehen. Ich war ein Meister des unauffälligen Verschwindens.

Irgendwie fand ich mich dann doch in einem Gruppenraum in einem ausufernden Big-Echo-Karaoke-Center wieder. Man hatte mir beim Abendessen wohl was ins Glas getan, Bier wahrscheinlich. Das mochte auch der Grund sein, warum mich noch nicht die reine, nackte Panik gepackt hatte. Dennoch hatte ich weiterhin nicht die Absicht, bei diesem

Unsinn mitzutun. Wir waren eine große Gruppe, da fiel es bestimmt nicht auf, wenn einer nicht mitsang. Und falls doch, würde ich einfach freundlich „No, thank you!" sagen. Man konnte mich ja nun kaum zwingen.

Natürlich konnte man mich zwingen. Die Clubleiterin, die verlässlich dafür sorgte, dass bei den regulären Veranstaltungen jede*r immer eine*n Partner*in hatte und gefälligst nicht immer den- oder dieselbe, sorgte jetzt dafür, dass jede*r mal drankam, und sie duldete keinen Widerspruch.

Natürlich machte es mir Spaß, schon nach Sekunden. So sehr, dass ich danach stets etwas nervös auf dem Hosenboden herumrutschte, wenn ich gerade nicht dran war, in freudiger Erwartung meines nächsten Mals. Ich sang nicht gut und würde es wohl nie tun, aber das machte im Kreis dieser erfahrenen Karaoke-Versteher*innen niemandem etwas aus.

Ich bemerkte, dass mit zunehmendem Abend die anderen Mitglieder immer weniger auf die gerade Singenden achteten. Nun steht zwar in jedem Karaoke-Benimm-Leitfaden, man solle immer schön zuhören und hinterher fein lobhudeln. Doch ich fand es überhaupt nicht schlimm, für mich allein zu singen. Denn streng genommen ist es genau das, worum es bei Karaoke geht. Oder ist jemand wirklich so von sich eingenommen zu glauben, dass er oder sie mit seinem oder ihrem Gesang vor allem anderen eine Freude macht? Außerdem kann man sich unbemerkt endlich seinen echten Lieblingsliedern widmen und muss sich nicht am Massengeschmack orientieren, wie es die Etikette ansonsten ebenfalls vorsieht.

Ein bisschen erstaunlich finde ich selbst, dass ich keinerlei Erinnerungen daran habe, welches das erste Lied war, das ich in meinem Leben am Karaoke-Mikrofon zum Besten gab. Es kommt noch bunter: Ich erinnere mich an *keinen einzigen* Song, den ich an meinem ersten Karaoke-Abend gesungen habe. Ich erinnere mich an den Ort, die Menschen und die Stimmung. Dunkel an gewisse Einzelleistungen anderer. Aber meine eigenen? Pustekuchen. Und so sollte es womöglich auch sein. Sind die schönsten Karaoke-Abende nicht die, an die man sich hinterher nur noch unzureichend erinnern kann?

Leider weiß ich noch ganz genau, was ich bei meinem zweiten Karaoke-Termin gesungen habe. Und wie ich es gesungen habe. Es war eine Lektion in Demut. Ich ging am Nachmittag mit einer befreundeten professionellen Sängerin, die Karaoke-Kabinen gewohnheitsmäßig als günstige Proberäume nutzte. Statt Bier gab es Gratis-Brause, was sicherlich nicht meine Leistung entschuldigt, aber womöglich doch den unglücklichen Umstand erklärt, dass ich mich an sie erinnern kann. Ich ermordete zuerst „How Soon Is Now?" von The Smiths, dann „Bullet with Butterfly Wings" von The Smashing Pumpkins. Als ich merkte, dass selbst meine sanft- und gutmütige Freundin Schwierigkeiten hatte, ihre gute Miene zu meinem bösen Spiel nicht entgleisen zu lassen, hatte ich die allerschlechteste Idee dieses Nachmittags: Ich würde ein Lied komplett auf Japanisch singen, so den Karren wieder aus dem Dreck ziehen und meine Würde zurückgewinnen. Ich kann Japanisch besser lesen als sprechen, deshalb sollten mir die Untertitel keine Schwierigkeiten machen, fantasierte ich. Ich wählte den Fun-Punk-Song „Linda Linda" von The Blue Hearts, den ich aus der goldigen, oft gesehenen Girlband-Komödie „Linda Linda Linda" fast auswendig zu kennen glaubte und für den es nicht viel gesangliche Finesse brauchte.

Ich schaffte weniger als die Hälfte, bevor ich das Mikro hinwarf. Und das natürlich nicht mal im landläufigen Sinne von „schaffen". So schnell konnte ich auch wieder nicht lesen, stellte sich heraus, und „fast auswendig" war stark übertrieben. Doch selbst an jenem Nachmittag meiner größten musikalischen Niederlage wusste ich: Ich würde wiederkommen. Und so kam es auch. Wieder und wieder.

Heute gehe ich meistens gemeinsam mit meiner Frau und unserer Tochter, die der wahre Hardcore-Karaoke-Fan der Familie ist. Sie hat verfügt, dass wir uns keine Heimanlage anschaffen dürfen, weil Karaoke etwas Besonderes bleiben soll, ein Ausgeh-Anlass. Sie verfolgt die Sendung *Oni Renchan* mit demselben Eifer, mit dem mein Vater die Bundesliga verfolgt, oder vielleicht sogar mit größerem. Jede Show wird aufgenommen, immer wieder angesehen, tiefenanalysiert. Dadurch kennt sie bereits eine gehörige Anzahl von japanischen Hits mehrerer Epochen auswendig, und ich schließe ebenfalls ein paar musikalische Wissenslücken.

Karaoke zwingt uns, gewisse Realitäten zu akzeptieren. Ich wäre so gerne Billy Idol oder Morrissey (beziehungsweise eine idealisierte, nicht idiotische Version von Morrissey), aber es reicht meistens gerade mal für Nena. „99 Luftballons" ist der einzige deutschsprachige Song, der tatsächlich bislang in jeder japanischen Karaoke-Anlage zu finden war, deren Touchpad ich befingern durfte (bisweilen stößt man außerdem auf den einen oder anderen Rammstein-Hit). Weil sich die Nummer, ob erwünscht oder nicht, tief in mein Körpergedächtnis eingegraben hat, bin ich nicht nur text-, sondern auch einigermaßen taktsicher. Letzteres kann ich von Billy-Idol-Songs nicht behaupten, wie sich herausstellte. Billy Idol hat da eine gewisse Ähnlichkeit mit Bob Dylan. Als jener mit dem Literaturnobelpreis ausgezeichnet wurde, waren nicht alle darüber glücklich, und die Unglücklichsten zitierten gern mit Häme aus seinem Werk, um zu beweisen, was für einen Quatsch Mr. Dylan im Laufe seines Lebens so verzapft hätte. Liedtexte sind aber keine Gedichte, die man ganz allein im stillen Kämmerlein liest. Sie funktionieren nur in der richtigen Intonation, mit der richtigen Begleitung. „White Wedding" von Andreas Neuenkirchen klingt nicht nur musikalisch schräg, sondern auch inhaltlich nach großem Stuss. „White Wedding" von Billy Idol hingegen funktioniert irgendwie auf jeder Ebene ganz großartig. Nobelpreisverdächtig, möchte man sagen. An dieser Stelle der Hinweis: Als Deutscher MUSS man bei Karaoke unter Japaner*innen etwas Deutsches singen, und zwar möglichst etwas, das die anderen kennen könnten. Das ist keine Frage von persönlichen musikalischen Vorlieben oder patriotischen Gefühlen. Das wird einfach erwartet und gehört sich so. Also geistig die Zähne zusammenbeißen und: „*Hast du etwas Zeit für mich ...*"

Einen meiner Langzeit-Helden, bei dem ich mich Karaoke-technisch nicht völlig blamiere, konnte ich inzwischen doch identifizieren: David Byrne von den in diesem Buch bereits erwähnten Talking Heads. Als Solokünstler singt er inzwischen mitunter fast wie ein richtiger Sänger, was mir nicht entgegenkommt, aber im klassischen Frühwerk der Band deklariert er seine Texte eher. Wenn ich „Once in a Lifetime" erzähle oder „Burning Down the House" in abgehackten Satzteilen ausstoße, guckt meine Familie zwar genauso betreten wie bei meinen Billy-Idol-Versuchen, doch wenigstens kann ich hinterher sagen: „Das muss so."

Karaoke hat mein Leben nicht verändert, aber es bereichert. Ich nehme seltener das Mikrofon in die Hand als der Durchschnittsjapaner, jedoch sicherlich häufiger, als ich mir das im letzten Jahrtausend erträumt hätte. Nach wie vor lasse ich mich oft entschuldigen, wenn es den Rest der Familie ins Center zieht. Allerdings lange nicht mehr aus genereller Abneigung, sondern um endlich ein bisschen ungestörte Zeit zum Schreiben zu haben.

Danksagungen

Jetzt, da alles gut ausgegangen ist, kann ich es ja zugeben: Dieses Buch kam mir zunächst schrecklich ungelegen. Ich hatte zwar selbst die Idee gehabt und war von ihr rundum begeistert, aber wie konnte ich ahnen, dass meine flinke Agentin Aenne Glienke die Idee so schnell an einen so tollen Verlag bringen würde? Während ich noch an zwei anderen Manuskripten arbeitete, war das Karaoke-Schreiben zunächst zäh und mechanisch, mein Blick stur auf Seitenzahlen und Terminvorgaben gerichtet. Dass der Spaß vollständig und rechtzeitig zurückkehrte, verdanke ich Susann Brückner, zu jener Zeit beim Leykam Verlag, die sich für die Idee genauso schnell erwärmen konnte, wie ich sie gehabt hatte, und die mit ihren Wünschen nach Glanz und Glitzer in der Buchgestaltung bei mir nicht nur offene Türen einrannte, sondern auch den Glanz und Glitzer zurück in den Schreibprozess brachte. Meiner Frau Junko danke ich für die geduldige Beantwortung meiner Japan-Verständnisfragen (etwaige Fehler gehen natürlich auf meine Kappe), und meine Tochter Hana durfte ich dankenswerterweise immer ansprechen, wenn mir mal der

Name des einen oder der anderen Oni-Renchan-Kandidat*in nicht einfallen wollte.

Schön ist es, wenn ein Lektor kaum mehr als ein paar Flüchtigkeitsfehler korrigiert und wir beide mal früher Feierabend machen können. Noch schöner ist es allerdings, wenn sich ein Lektor richtig reinhängt und aus einem nicht üblen Manuskript ein rundes und schlüssiges Buch herausmeißelt. So ein Lektor ist David Hoffmann, und dafür danke ich ihm herzlich.

Tokio, im Oktober 2024

Quellen

Folgende Bücher anderer Autor*innen waren mir Informations- und Inspirationsquellen bei der Recherche meines eigenen:

Matt Alt: *Pure Invention: How Japan's Pop Culture Conquered the World*, Crown, New York 2020.

Patrick W. Galbraith: *The Otaku Encyclopedia: An insider's guide to the subculture of Cool Japan*, Kodansha International, Tokio 2009.

Rob Sheffield: *Turn Around Bright Eyes: The Rituals of Love & Karaoke*, HarperCollins Publishers Inc., New York 2013.

Zhou Xun & Francesca Tarocco: *Karaoke: The Global Phenomenon*, Reaktion Books, London 2007.

„Ich weiß es nicht mehr genau, aber ich weiß noch, wo ich es schon einmal geschrieben habe." Nach diesem Grundsatz habe ich auch in zweien meiner eigenen Bücher nachgeschlagen: *Kawaii Mania*, Conbook Verlag, Neuss 2019 und *Hello Kitty – ein Phänomen erobert die Welt*, Metrolit Verlag, Berlin 2014.

Darüber hinaus halfen mir folgende Websites, die Übersicht zu behalten und an Informationen zu gelangen, die über mein Bücherwissen hinausgingen:

1kara, http://1kara.jp/en/ (Letzte Einsicht: 10. 11. 2024)

Anti-Noise Crusaders of the Philippines Inc., www.facebook.com/AntiNoisePollutionPH (Letzte Einsicht: 10. 11. 2024)

BBC, www.bbc.com (Letzte Einsicht: 10. 11. 2024)

Christianity Today, www.christianitytoday.com (Letzte Einsicht: 10. 11. 2024)

Encyclopedia.com, www.encyclopedia.com (Letzte Einsicht: 10. 11. 2024)

Get Around Japan, www.getaroundjapan.jp (Letzte Einsicht: 10. 11. 2024)

Go! Go! Nihon, https://gogonihon.com/en (Letzte Einsicht: 10. 11. 2024)

Goods of Japan, https://goodsofjapan.com (Letzte Einsicht: 10. 11. 2024)

Guinness World Records, www.guinnessworldrecords.com (Letzte Einsicht: 10. 11. 2024)

My family and more, insbesondere https://myjoaquinfamily.blogspot.com/2007/06/bert-del-rosario-is-karaoke-inventor.html (Letzte Einsicht: 10. 11. 2024)

Nippon.com, insbesondere https://www.nippon.com/en/japan-topics/g01173 (Letzte Einsicht: 10. 11. 2024)

NPR, www.npr.org/ (Letzte Einsicht: 10. 11. 2024)

One from Nippon, https://one-from-nippon.ghost.io/ (Letzte Einsicht: 10. 11. 2024)

PBS SoCal, www.pbssocal.org (Letzte Einsicht: 10. 11. 2024)

PLN Media, https://plnmedia.com (Letzte Einsicht: 10. 11. 2024)

Public Relations Office / Government of Japan, insbesondere https://www.gov-online.go.jp/eng/publicity/book/hlj/html/201806/201806_12_en.html (Letzte Einsicht: 10. 11. 2024)

Quartz, insbesondere https://qz.com/emails/quartz-obsession/2149320/karaoke (Letzte Einsicht: 10. 11. 2024)

Reuters, www.reuters.com (Letzte Einsicht: 10. 11. 2024)

Rudelsingen, https://rudelsingen.de (Letzte Einsicht: 10. 11. 2024)

Tofugu, www.tofugu.com (Letzte Einsicht: 10. 11. 2024)

Tokyo Treat, https://tokyotreat.com/ (Letzte Einsicht: 10. 11. 2024)

ToughtCo., insbesondere https://www.thoughtco.com/roberto-del-rosario-inventor-1991725 (Letzte Einsicht: 10. 11. 2024)

Tsunagu Japan, www.tsunagujapan.com (Letzte Einsicht: 10. 11. 2024)

The Vinyl Factory, insbesondere https://thevinylfactory.com/features/kankodori-karaoke-bar-osaka-records/ (Letzte Einsicht: 10. 11. 2024)

What's On Queer BC, insbesondere https://whatsonqueerbc.com/woq-bc-stories/queers-love-karaoke (Letzte Einsicht: 10. 11. 2024)

When in Manila, insbesondere https://www.wheninmanila.com/filipino-anti-noise-advocates-urge-govt-officials-to-take-action-against-noise-pollution (Letzte Einsicht: 10. 11. 2024)

Die Videoreportage *Wenn Finnen singen* ist ebenfalls im Internet zu finden: https://vimeo.com/18007201

Außerdem bereicherten mich und dieses Buch die Lektüren verschiedener Artikel in folgenden Print- und Online-Publikationen: Billboard, Esquire Philippines, Entertainment Weekly, The Guardian, Goldmine, The Independent, JapanFocus, Metro, International Business Times, The New York Times, Philippine Daily Inquirer, Philstar Global, The Register, Seattle Post-Intelligencer, The Sydney Morning Herold, Taipei Times, The Telegraph, Time, Tokyo Weekender, Vending Times, The Washington Post.

© Minitta Kandlbauer

ANDREAS NEUENKIRCHEN

Geboren in Bremen, arbeitet seit den frühen 90ern als Journalist, zunächst frei im Feuilleton Bremer Tageszeitungen und Stadtmagazine, später als Redakteur in München online und offline. Er ist der Autor mehrerer Sachbücher und Romane mit Japan-Bezug, darunter der Bestseller »Gebrauchsanweisung für Tokio und Japan« (Piper). Über japanische Pop- und Gegenwartskultur schrieb er unter anderem für Merian, The Japan Times und Tokyo Weekender. Andreas Neuenkirchen lebt mit seiner Familie in Tokio.

Sachbuch bei leykam:

Kulturgeschichte der Nutzpflanzen

Wer denkt bei historischen Ereignissen schon an Pflanzen? Etwa bei der Entstehung von Imperien, bei Völkerwanderungen oder Hungersnöten? Kommt uns die Kartoffel in den Sinn, wenn wir an die Industrialisierung denken? Nach der Lektüre dieses Buches vielleicht schon! Auch biologische Fakten kommen nicht zu kurz, von der Kakaobohne, die eine spezielle Mücke zur Bestäubung benötigt, bis hin zur Geschichte der Banane, die einst Kerne hatte und nun nur noch Klone macht. Durch Auslese und Züchtung haben wir bestimmte Pflanzen im Laufe der Jahrhunderte verändert, aber auch sie haben uns verändert – als Menschheit und als Gesellschaft.

208 Seiten | ISBN 978-3-7011-8334-0 | 25,- [D], 25,50 [A]

Sachbuch bei leykam:

Mit Empathie für Insekten die Welt retten!

Insekten bauen mit Klimaanlage, züchten symbiotische Pilze, halten Nutztiere, versklaven verwandte Arten, ziehen in den Süden zum Überwintern und produzieren extrem potentes und schmerzhaftes Gift. Ihre Artenvielfalt und ihre Biomasse übersteigen die aller anderen Tiere an Land. Sie sind also nicht unsere unscheinbaren Mitbewohner auf diesem Planeten – sie sind die Mehrheit. Und als solche spielen sie eine entscheidende Rolle für unser Ökosystem.

Mit Illustrationen von Michèle Ganser

256 Seiten | ISBN 978-3-7011-8279-4 | 25,- [D], 25,50 [A]

Copyright © Leykam Buchverlagsgesellschaft m.b.H. & Co. KG,
Graz – Wien – Berlin 2025

Kein Teil des Werkes darf in irgendeiner Form (durch Fotografie, Mikrofilm oder ein anderes Verfahren) ohne schriftliche Genehmigung des Verlages reproduziert oder unter Verwendung elektronischer Systeme verarbeitet, vervielfältigt oder verbreitet werden.

Umschlaggestaltung und Illustration: Hanna Bischof
Vor- und Nachsatz, Farbschnitt: dryp designs
Satz und Typografie: Michèle Ganser
Lektorat: David Hoffmann
Korrektorat: Monika Paff
Druck: Finidr s.r.o.
Gesamtherstellung: Leykam Buchverlag

Dieses Buch wurde von Anne Glienke vermittelt.

Kontakt:
office@leykamverlag.at
Leykam Verlag
Dreihackengasse 20, A-8020 Graz
Lichtenauergasse 1/8, A-1020 Wien
www.leykamverlag.at

ISBN 978-3-7011-8326-5